Herzsprung
Verlag

Impressum:

Alle weiteren Personen und Handlungen des Buches sind frei erfunden.
Ähnlichkeiten mit lebenden oder verstorbenen Personen sind
zufällig und nicht beabsichtigt.

Besuchen Sie uns im Internet:
www.herzsprung-verlag.de
www.papierfresserchen.de

© 2018 Herzsprung-Verlag GbR
Mühlstr. 10, 88085 Langenargen
info@herzsprung-verlag.de + info@papierfresserchen.de
Alle Rechte vorbehalten.
Erstauflage 2018

Cover gestaltet mit Bildern von © rasica (Hintergrund)
und dahi (Tor) – Adobe Stock lizensiert

Gedruckt in der EU
ISBN: 978-3-96074-037-7

Lektorat: Melanie Wittmann
Bearbeitung: CAT creativ - www.cat-creativ.at

Manfred Josef Schuster

Das Portal der Glückseligkeit

Spirituelle Erweckung

Herzsprung-Verlag

Inhalt

Vorwort 7
Prolog 8
Liebe/r Leserin und Leser 11

1. Tag – Was wollen wir aus unserer Liebe füreinander in unserer
      Liebe vollbringen? 12
2. Tag – So viel Liebe 15
3. Tag – Die Kunst im täglichen Leben in Liebe zu sein 17
4. Tag – Gott ist da 19
5. Tag – Bildung ist der Weg zum Herzen von uns allen 20
6. Tag – Wir sind glücklich 21
7. Tag – Wir singen in unserer wahren, reinen Liebe 23
8. Tag – Lasst uns unsere göttlichen Eigenschaften sehen 26
9. Tag – Über die Art und Weise, wie wir leben 29
10. Tag – Durch deine Liebe zu deinem Nächsten erhebst du 31
11. Tag – Wenn wir unser Leben liebevoll anschauen, was sehen wir? 33
12. Tag – Wenn wir in Liebe ansehen, was wir tun 35
13. Tag – Wenn wir uns in Liebe erheben, erkennen wir 38
14. Tag – Wir schaffen in unserer Liebe konstruktive Bedingungen 40
15. Tag – Wenn wir uns für die spirituelle Welt öffnen 41
16. Tag – Wenn wir Liebe in die Welt bringen, strahlen wir 43
17. Tag – Wenn wir die höheren Ebenen in unserem Leben erkennen 45
18. Tag – Wie möchten wir miteinander umgehen? 47
19. Tag – Wenn wir das Wahre im Leben sehen 49
20. Tag – Wir gestalten in wahrer, reiner Liebe 51
21. Tag – Buddha 52
22. Tag – Durch deinen Reichtum bereicherst du den Reichtum der
      Schöpfung 54

23. Tag – Wir sind allseits frei in unserer Liebe 55

24. Tag – Wenn wir die Welt als Quantenraum sehen 56

25. Tag – So erheben wir in wahrer Liebe 58

26. Tag – Du schaffst einen würdevollen Beitrag 60

27. Tag – Gott ist da in deiner Liebe 62

28. Tag – Liebe ist in uns allen 63

29. Tag – In unserer Liebe geben wir 64

30. Tag – Was wollen wir in all unserer Liebe vollbringen? 65

31. Tag – Heilige Ordnungen, die sich durch unsere Liebe offenbaren 66

32. Tag – Unser Resonanzraum als Spiegel der Schöpfung 67

33. Tag – Wir dürfen wach füreinander sein 69

34. Tag – Du kommst an in deiner Liebe 72

35. Tag – Wenn die Sonne in dir leuchtet 73

36. Tag – Du gibst es dir 75

37. Tag – Das heilige Zeitalter 77

38. Tag – So sind wir frei in all unserer Liebe 79

39. Tag – Du bist ein freier Schöpfer 81

40. Tag – Wie wir die Welt, in der wir leben, wahrlich lieben 82

41. Tag – In unserer Hinwendung dem Ganzen gegenüber 85

42. Tag – Gott ist in dir, das dürfen wir sehen 86

43. Tag – Wir gestalten in unserer wahrhaftigen Liebe 87

44. Tag – So ist der Weltfrieden da 89

45. Tag – So ist heilige Liebe hier 91

46. Tag – Liebe ist die wahre Gabe der Meister 93

47. Tag – Liebe lässt dich frei sein in der Welt 95

48. Tag – In unserer Liebe, die wir füreinander fließen lassen, erheben wir 97

49. Tag – Liebe schwingt und resoniert in der Welt 98

50. Tag – Du errichtest die Welt in deiner Liebe 103

51. Tag – Durch unsere Liebe füreinander sehen wir 104

52. Tag – Wahrhaftige Freude 105

53. Tag – Unser Herz in wahrer, reiner Liebe öffnen 106

54. Tag – Die Welt, die wir in wahrer Liebe atmen 107

55. Tag – Im Licht deiner Liebe 108

56. Tag – Schöpferkunst 109

57. Tag – Das große Wunder unserer Liebe füreinander erkennen 110

58. Tag – In unserer Liebe zueinander einander erheben 111

59. Tag – Wir sind in Liebe 112

60. Tag – Im Licht unserer Liebe erheben wir 113

61. Tag – Herzen, die leuchten, erwecken Herzen 114

62. Tag – Achtung in Liebe vor dem Leben 115

63. Tag – Unsere Herzen in der Berührung 116

64. Tag – Licht im Leben bereiten 117

65. Tag – Königswürde 118

66. Tag – Die Erhabenheit in unserer Liebe 119

67. Tag – Fenster der Liebe füreinander, durch die wir blicken 120

68. Tag – Die Lebensmelodie in unserer Liebe 121

69. Tag – Unsere Herzen strahlen in Liebe, während wir erheben
und erleuchten 123

70. Tag – Herzerfüllte Töne 124

71. Tag – Vertrauen 125

72. Tag – In unserer wahrhaftigen Liebe füreinander erheben wir 127

73. Tag – Den liebevollen Reichtum unserer Schöpferkraft erfahren 128

74. Tag – In unserer wahren, reinen Liebe erheben wir 144

75. Tag – Den Weg in unserer wahrhaftigen Liebe füreinander
beschreiten 145

76. Tag – Die kosmische Heimat 146

77. Tag – Gott ist in unserer Liebe 147

78. Tag – Reine Liebe erleuchtet Herzen 149

79. Tag – Unser Schöpferbewusstsein leben 151

Nachwort 152

Der Autor 156

Vorwort

Dieses Buch ist ein Zeugnis spiritueller Entwicklung und stellt für dich den Rahmen deiner eigenen Entwicklung dar. Da die Dinge in der Resonanz tatsächlich geschehen, öffnet das Buch ein Lichtportal, das dich mit höheren Ebenen verbindet. Dieses Lichtportal in den Himmel durchschreitest du in deiner Liebe beim Lesen.

Es öffnet Referenzen in dir, die bereits in dir angelegt sind, lichte Ausstrahlung, Wohlwollen, Güte, Wahrhaftigkeit, um einige davon zu nennen, und es lässt dich aufsteigen zu deinem wahren Potenzial. Du kommst in deiner Liebe an. Diese Brücke als Türöffner zu einem höheren Potenzial zu etablieren, ist mir eine Ehre, weil du dadurch die Möglichkeit hast, auf deinem Weg voranzuschreiten.

Ich selbst sah, wie schwer es ist, deshalb baue ich in all meiner Liebe diese Brücke. Damit es Menschen leichter haben voranzugehen. Diese 79 Tage meines persönlichen Aufstiegs, die an jedem Tag mit einer höheren Schwingung einhergingen, die sich in den Beiträgen wiederfindet, ließ mich ankommen, und so wirst auch du ankommen im Himmel deiner wahrhaftigen Liebe, weil du erkennst, weil du deine Verbundenheit besser und gewissenhafter erfasst und du deine Schöpferfähigkeit nachhaltiger verstehst.

Dieses Buch dient dir als Aufstiegsportal, das dich in höheren Daseins- und Evolutionsebenen ankommen lässt, weil du die Resonanz zu diesen Schwingungsebenen herstellst und du daher mit dem Universum, respektive mit den Himmeln in uns allen, in Einklang schwingst. Und in dieser Liebe füreinander ist uns der Himmel in jedem Augenblick bereitet, während wir in unserer Herzresonanz, unserer „Liebesresonanz", und damit in der Ausrichtung auf das höchste Wohl aller das goldene Zeitalter begrüßen.

Die Stimmungsbilder der einzelnen Tage vermitteln dir einen höherdimensionalen Eindruck, der dir dazu verhilft, Gott in unserer Liebe füreinander zu erkennen, während du zum Gipfel deiner höchsten Erkenntnis gelangst.

Prolog

In einer Zeit der Unruhe, der Auseinandersetzungen und Gefechte sendet Gott Licht in die Welt, Licht, das erhebt. Er liebt seine Kinder und erinnert sie.

Das Buch erinnert an die Säulen im Haus meines Vaters.

Große Seelen stiegen herab, um in die Unruhe und das Chaos in der Welt Frieden zu bringen und um an das Wahre in uns zu erinnern. Diese Seelen in unserer Liebe füreinander willkommen zu heißen, als Ausdruck Gottes sichtbar gemachter Liebe, und damit die Liebe im Inneren fließen zu sehen, zeugt von einem liebevollen Umgang, den wir leben.

Das Buch setzt bei den Menschen an, damit sie ihre Liebe entfalten. Es bietet Inspiration, Geleit und Sicherheit in der Welt, in der wir lieben. Während überall in den Welten Entwicklungsprozesse geschehen und der Mensch sich durch sein Wachbewusstsein an all das Höhere erinnert, fügt sich Stück für Stück das Puzzle zusammen. Während also der Mensch im Sinn seines Daseins den Kosmos entdeckt, entfaltet unsere Liebe in der Welt allmählich ihre Kraft.

In dieses aus göttlicher Sicht Grenzenlose bin ich hineingeboren, um dir aus der Perspektive der lichten Verbindung, die wir haben, Wege des Glücks für uns alle aufzuzeigen.

Gott liebt dich jenseits aller Grenzen und es liegt an dir, welchen Weg du wählst, der zu deinem Glück und zum Glück anderer beiträgt.

Es ist unser Geschick, wie wir in einer Welt der Liebe, in der Liebe blüht, miteinander navigieren. Es ist unsere Liebe füreinander, die wir einbringen und die die Welt, in der wir leben, erhebt.

In einem Zeitalter der Hoffnungslosigkeit und des Bedauerns setzt Gott Engel in die Welt, Engel, die helfen und das Licht zu erkennen wissen. Es sind Boten reiner Freude, die viel gesehen haben in den Weiten ihrer Liebe. Sie sind die Hoffnung auf Leben, das in unserer Liebe füreinander ihren lichten Ausdruck findet.

Das Buch hilft Menschen durch die einzelnen Entwicklungsbereiche, ihr höheres Bewusstsein in ihrer Liebe füreinander zu erkennen. Es bietet zu Gottes Plan, der funktioniert, eine himmlische Entsprechung an. Wir bewegen uns ins Licht unserer Liebe füreinander. Letztlich ist es deine Vervollkommnung, dein Weg, den du in deiner Liebe für das Ganze beschreitest, während Gottes Liebe dich begleitet.

In unserer Liebe füreinander erschaffen wir Welten, Welten die unsere Herzen singen lassen, Welten, auf die wir mit dankbaren Herzen schauen, Welten, die uns auf den großen Reichtum, der uns in lichter Freude füreinander zu Füßen gelegt ist, blicken lassen.

Das Buch ist für den Leser ein Aufstiegsportal, das ihn zu der Quelle führt, die ihn einst in die Welt liebte.

Wir dürfen uns an unseren liebevollen Umgang erinnern, und so wie Gerichte in unserer Liebe zu leuchten beginnen, weil wir auf die Kompositionen achten, so leuchten wir durch das Zusammenspiel unserer herzerfüllten Noten, mit denen wir uns durch unsere Liebe, die wir leben, wieder an das Wahre und Wundervolle im Leben erinnern.

Die große Harmonie der Freude in unserer Liebe füreinander zu bewirken, davon zeugt dieses Buch, das die Verbindung mit der Urquelle wiederherstellt.

Dieses Licht im täglichen Leuchten zu sehen, offenbart dir Freude, Kunst, Kreativität, und da wir miteinander am Abbild unserer Wirklichkeit meißeln, offenbaren wir die Schönheit aller Dinge, die wir mit wachem, bewusstem und reinem Herzen empfangen.

Die Herzresonanz, unsere heiligen Tore der Liebe, die wir füreinander öffnen, lässt Töne in uns erklingen, die uns in jedem Moment dieser Freude zum Singen bringen, die erheben, während sich heiligste Töne in die Stimmfarben ihrer Erhabenheit kleiden und sich in das Bewusstseinsfeld weben.

Die Bewusstseinsstufen, die du während des Lesens des Buches erreichst, stellen höhere Resonanzen her, die dich mit höheren Energien in Einklang schwingen lassen. In deiner Liebe für das Ganze ist sie es, die erhebt, die aufschauen lässt zum Gipfel deiner Tugend, zum Quell deiner Schönheit, zum Jungbrunnen deiner besonderen Art — hier siehst du das Schöne und durch deine erweiterte Sicht öffnet sich der Himmel deiner Heiligkeit. Diese Verbindung zu erfassen, lässt dich aus deiner Liebe heraus handeln, da du für das Ganze die Samen deiner Liebe säst.

Unsere Kostbarkeit füreinander zu entdecken, ist wohl der größte Schatz, den wir uns schenken, während wir in der Sinnfrage das große Ganze sehen, das uns in Liebe verbindet. Wir erkennen Zusammenhänge, sind angehoben durch die Liebe, die wir geben, erreichen den Gipfel unserer Träume und spüren den Zusammenhang im Leben, das wir gestalten, während wir unsere wahre Größe in Gott selbst sehen – als Quelle unserer Liebe, in der wir uns wiederfinden, ist das Licht des Heiligen begründet, während wir einander sehen und im Licht der Heiligkeit unsere Instrumente wundervoll einstimmen.

Wir erkennen uns im Licht unserer Bewusstwerdung und in diesem Licht kreieren wir, während wir in der Welt der Welten reisen.

Gottes Liebe ist mit uns.

Und da er uns in Liebe erschuf, tragen wir all seine Liebe in unseren Herzen.

Liebe/r Leserin und Leser

Dieses Buch eröffnet dir einen angeborenen Zugang zu deiner Göttlichkeit. Offenbart dir Freude und Frieden. Erinnert dich, lässt dich wach sein und bringt Licht in dein Leben.

Das Buch lässt deine Gedanken wachsen. Weiterhin hilft es, Prägungen und Abhängigkeitsverhältnisse zu lösen und ein Leben in Liebe zu erschaffen.

Auf dem Aufstiegsweg erfährst du liebevolle Ereignisse, die mit deinem Bewusstseinsfeld/deiner Ausstrahlung und deiner Bewusstseinsreife korrespondieren.

Mögen unsere Herzen singen und Liebe in der Welt erklingen. Und mögen wir wachbewusst miteinander umgehen und einen wachbewussten Umgang pflegen in der Liebe füreinander, die wir leben und feiern.

1. Tag

Was wollen wir aus unserer Liebe
füreinander in unserer Liebe vollbringen?

Stell dir eine Welt in Liebe vor, wo wir aus dem spirituellen Kontext Wunder in die Welt bringen, aus unserer Liebe erschaffen, gestalten, wo wir kreieren, wo wir unsere Schöpferfähigkeit leben.

Lass uns eine Welt in Liebe erschaffen, eine Welt in Liebe hervorbringen, aus unserem Vermögen, aus unserer wahren Natur. Lass uns durch die Liebe verbunden leben und durch sie einen höheren Ausdruck im Dasein erhalten. Lass uns ankommen in einem Miteinander, das wir lieben, das wir mit ganzem Herzen feiern, in dem wir sehen, was wir tun. In dem wir durch unser Sehen Segen bereiten.

Lass uns aufeinander eingestimmt sein, eingestimmt auf das bare Vermögen, frei zu agieren, um durch deine Liebe, unser Bewusstsein und die Verbindung, die wir in aller Liebe haben, Wunderbares zu schaffen. Lass uns aufschauen zu unserem eigenen baren Vermögen und durch unser Agieren konstruktive Möglichkeiten in jeglicher Hinsicht aufzeigen.

Menschen haben ein natürliches Bedürfnis, Harmonie zu schaffen. Sie wollen sich entwickeln, wenn sie Möglichkeiten haben, die ihnen das ermöglichen.

Angenommen, wir hätten kein Geld und Zeit genug, wir könnten spielen, im Wasser baden oder was du dir sonst unter einem freien Leben vorstellst.

Vegan zu sein bietet Alternativen. Wenn wir die Ernährung ansehen – gesundes Trinkwasser, das, was der Körper für Vitalitätsprozesse benötigt. Die Natur – belebte Quelle, reines Wasser, Nahrung, frisches Essen, mit Liebe zubereitet. Zuhause, das was man Zuhause nennen kann – wie behandeln wir sie, wenn wir unsere Erde ansehen, die uns Heimat bietet, ein Zuhause, Nahrung im Überfluss?

Wenn wir uns die Erde als spirituelles Wesen mit einem Körper vorstellen, können wir dann erahnen, wie sehr uns dieses Wesen mit seiner Liebe umgibt, mit all seiner Liebe, Kostbarkeit und Einzigartigkeit?

Wie dieses wunderbare und kostbare Juwel im Universum in all seiner Schönheit zur Blüte und erhabenen wie erhebenden Reife gelangt?

Wie seine und unsere Liebe dazu beiträgt, die Welt zu einem heilsamen und wunderbaren Ort zu machen? Zu einem Ort der Liebe und Fürsorge, der Menschen erhellt?

Sexualität, die wir lieben – was lieben wir wirklich und wahrhaftig, wenn wir den goldenen Nektar reiner Hingabe und göttlicher Liebe kosten, der das Elixier reinen Lebens beinhaltet?

Wenn wir die Erde anschauen, fragt sich die Erde manchmal, wohin der Mensch wachsen will, ob er seine spirituellen Gaben erkennt? Ob er erkennt, zu was er wirklich in jeglicher Hinsicht fähig ist?

Sie bietet viel, Heimat, Obdach, Luft, die wir atmen, Wasser, das wir trinken, die heilige Ordnung – heilige Quelle, aus der wir schöpfen. Schönheit, die wir sehen, Kostbarkeit, die wir in all unserer Würde und Liebe erkennen. Wie wollen wir mit der Erde umgehen, da sie uns spirituelle Heimat und Wege der Erneuerung in all unserer Liebe zum höchsten Wohle aller bietet?

Man fragt sich, wenn es Hochkulturen gab, wo sind die hingekommen?

Immer wieder Experimente, Möglichkeiten und wo knüpfen wir an?

Wenn ich die Zeitillusion durchschaue: In der Zukunft gibt es Menschen, die sich entwickeln, die ihre Gaben einsetzen, die ihre Gaben und spirituellen Fähigkeiten einsetzen und dadurch Menschen in Liebe teilhaben lassen.

Was braucht es für das Buch? Dass ich Menschen aufzeige, dass spirituelle Entwicklung in unserer Liebe möglich ist, dass Frieden in unserer Liebe lebbar ist und dadurch goldene Zeiten in unserer Liebe füreinander begonnen haben.

Wir strahlen das Licht in die Welt und erinnern andere daran. Durch die Erinnerung sind Potenziale vorhanden, die wir nutzen, um die Gesellschaft von der Schädigung ihrer persönlichen Habseligkeiten abzubringen.

Ihre Person abbringen zu können, um den Ausdruck höchster Freude zu erleben, ist eine Errungenschaft, die gleichzeitig auf das tiefste Geheimnis der Liebe verweist.

Wir kamen durch die Liebe aus unterschiedlichen Ebenen. Manche sind hier, wollen sich entwickeln, manch andere sind weiter – sie wollen reifen.

Gott hatte den Plan: „Ich bringe sie zusammen und in meiner wahren Liebe lasse ich sie wachsen. Sie bringen neues Leben hervor, sie wachsen, gedeihen, die Liebe kennt sich – erkennt sich."

Er hatte Freude daran, Leben zu sehen, er war begeistert, glücklich und er machte sich selbst auf die Reise – in jedem. Und er sieht, weil er ER ist.

Er ist in dem Kind ebenso wie in dem Mann, Greis, Jungen, im Zarten und in der Blüte, er sieht dich.

Und was würdest du tun, wenn du nicht wärst wie er – würdest du schönere Welten erschaffen?

Würdest du in deiner Liebe Glückseligkeit säen?

Wenn wir in Liebe erschaffen, sind wir frei – bereit, unser Herz singen zu sehen!

In unserer Liebe gestalten wir und in unserer Liebe sind wir frei. Du darfst verstehen, dass Gott dich liebt und in deiner Liebe höchste Glückseligkeit ist.

Wir erheben Herzen.

2. Tag

So viel Liebe

So viel Liebe, was wollen wir in unserer Liebe füreinander in der Welt vollbringen?

Wenn wir in Liebe auf unsere Errungenschaften sehen, auf was können wir sehen?

Auf Bauten, die uns erheben, auf edle Charaktere, die diese hervorbrachten, auf Architektur, die uns begeistert?

Auf edle Charaktere, die diese hervorbrachten, durch was inspiriert?

Wenn wir durch die Gezeiten schauen, gibt es große Bauwerke, Pyramiden, architektonische Flächen, die wir nutzen, um was darauf zu errichten?

Vergnügungstempel?

Wohin fließt unsere Inspiration, unser Wissen?

Haben Kinder Geld in der Hand und fragen sich, was damit tun? Für was sollen wir es einsetzen?

Wenn wir in die Welt sehen, wollen wir uns vergnügen, wegsehen oder wollen wir hinsehen?

Wie kann ich so tun und glücklich sein, als wäre das andere nicht da?

Wie kann ich, wenn ich in Liebe bin, mich der Hilfe verweigern, die ich anzubieten habe?

Wie kann ich als liebender Mensch, wie kann ich als liebender Aspekt des Ganzen anders handeln, als zu lieben?

Wie kann ich in meiner Verbindung zum Ganzen die Not nicht sehen, negieren wollen?

Wenn wir hinsehen, erkennen wir, dass Leid oft mit Unwissenheit einhergeht und dass Bildung oft die Voraussetzung für wahre Größe ist.

Wenn wir hinsehen und schauen, wie Menschen miteinander umgehen, können wir uns fragen, wie wir einen miserablen Umgang auf die Stufe der Erleuchtung heben.

Wie soll das gehen? Eine herzzentrierte Gesellschaft gründen in unserer wahrhaftigen Liebe, die wir füreinander empfinden und leben.

Mögen unsere Herzen singen in der Welt, in der wir leben, und mögen wir glücklich sein.

Wenn wir von oben nach unten sehen, sind lichtvoll erhabene Wesen in ständiger Motivation, nur Gutes in Liebe zu vollbringen.

Je weiter das Bewusstsein absinkt, desto mehr sind liebevolle Helfer nötig, die sich einbringen und mit ihrem Licht Licht in der Welt hervorbringen.

Wenn es Gott gibt in der Welt, dann in unserer Liebe, aus der heraus wir handeln und anderen aufzeigen, dass Entwicklung möglich ist. Vorausgesetzt, ein blindes Bewusstsein, das bisher nicht erkannt hat, will sich erkennen und bringt sich in Liebe, in aller Liebe, für das Gesamtwohl ein. Vorausgesetzt, dass Menschen sich entwickeln wollen, gibt es viele, die sich einbringen. Und in der Vorausschau sind es unzählige, die sich einbringen. Vorausgesetzt, der Wille der Entwicklung, der Wille, sich zu entwickeln, ist in aller Liebe da.

Die Achtung vor dem Leben, der Aspekt der Schöpfung, die Auseinandersetzung, die wir damit haben, unser freier Wille – wir sind als hochbewusste Wesen hier, jeder Einzelne, haben Gaben, die dazu beitragen, Leid in Freude zu verwandeln, Unrecht in Recht und Willkür in Liebe. Und der willkürliche Zusammenschluss mancher Gruppen kann sich durch die Kraft und die reine Gabe unserer Liebe auflösen.

Wenn wir vorausschauen, was wir vollbringen, so erheben wir durch unsere eigene Entwicklung das Bewusstsein der uns Umgebenden und schaffen ein Resonanzfeld zu Neuem, das uns erhebt in unserer Liebe, und wenn wir schauen, was wir in die Welt bringen, so ist es Liebe, Anteilnahme, Mitgefühl. So sind es Samen reiner Liebe, die wir säen.

Und wenn wir schauen, warum wir das tun, so erinnern wir uns womöglich an Gegebenheiten, wo uns geholfen wurde, wo wir vorangehen wollten, wo wir Hilfe erfahren haben und wo ein anderer uns die Hand reichte und wir sie dankend angenommen haben.

3. Tag

Die Kunst, im täglichen Leben in Liebe zu sein

Wie in unserer Liebe wollen wir leben? Für was wollen wir uns in unserer Liebe einbringen? Wenn wir auf die Welt sehen, was benötigt sie?

Regenwald, Natur, Gebirge, Flüsse, Seen, Bäche, Kanäle, Gewässer, wohin mündet unsere Liebe, unser Kollektiv, mit dem wir uns erbauen, erheben, uns liebevolle Gaben spenden?

Wo mündet unser Desaster, wenn wir weitermachen wie bisher, in kollektiver Armut, sodass wir vergessen, woher wir kamen, wer wir sind, wie wir miteinander umgehen, vergessen, was sich gehört, was Anstand, Benehmen ist?

Vergessen ... wird der Mensch vergessen, wenn er so weitermacht? Vergisst der Mensch, wer er ist?

Und wenn dieser Prozess liebevolle Brücken benötigt, die Menschen bereitstellen, um in das Vergessen Licht zu bringen und damit Bewusstheit- und sein, um zu erheben, um die Quelle in uns zu erheben, aus der wir in die Welt hineingeboren wurden, dann macht alles, was wir tun, in unserer Liebe Sinn.

Die Quelle, deren Ursprung in uns ist, die Quelle der Liebe, aus der wir kamen, die Quelle der liebenden Nähe, die Quelle, deren Reinheit in uns ist. Wenn wir an diese Quelle denken, öffnet sich ein Tor, ein Tor, aus dem wir einst kamen und in die Welt hinein unsere Liebe an liebevollen Orten säten.

Manchmal fragt man sich, wächst sie, gedeiht sie, unsere Liebe? In unserer Liebe, ja.

Wo haben wir aufgehört zu lieben, wo war bitterer Ernst, womöglich Resignation, und wie ist es uns möglich im täglichen Miteinander, dass wir uns an die Quelle der Liebe in uns erinnern?

Was braucht es von uns? Dass wir wach sind, hinsehen, was benötigt es?

Wie können wir uns miteinander erheben in ein neues Zeitalter? Damit unsere Seelen singen, unser Geist wach ist, hellwach, unser Körper von Glück und Freude erfüllt ist und unser Bewusstsein unser Energiefeld auf eine neue Stufe der menschlichen Entwicklung hebt?

Wie können wir erreichen, durch den Atem Gottes zu wandern und auf einer neuen Daseinsstufe geboren zu werden, bis wir ankommen im Feld der ewigen Glückseligkeit, der reinen Freude, des Herzbewusstseins, der immerwährenden, glückseligen, herzerfüllten, wunderbarsten, hellsten, klarsten und herrlichsten Liebe?

Wie können wir glücklich sein mit dem, was wir ins Leben bringen, mit dem, was wir in die Welt bringen? Ist die Absicht rein, geht es uns gut dabei und sind wir von ganzem Herzen glücklich?

Ist uns klar, dass unsere Gedanken Dinge beeinflussen?

Ist uns klar, dass wir mit unseren Emotionen Dinge hervorbringen?

Sind wir uns darüber im Klaren, dass wir durch Liebe Dinge erschaffen – dass wir die Schöpferkraft in uns haben?

Sind wir uns im Klaren darüber, dass wir aus unserer Liebe liebevolle Samen in der Welt säen und dass diese durch unsere Liebe in aller Liebe wachsen?

Dass wir selber die Quelle, unsere eigene Quelle, unser eigenes Zuhause, unseren Brunnen der Liebe, unseren Quell der Glückseligkeit, unsere sprudelnde Quelle, reinstes Elixier höchster Freude – dass wir dieses höchste Glück in uns haben? Und wir im täglichen Leben die heilige Resonanz zu diesem Tempel in uns aufrechterhalten dürfen?

4. Tag

Gott ist da

Wenn wir unsere Seelen singen, unsere Körper tanzen sehen, unser Geist als Beobachter die Töne der Freude anstimmt und wir beginnen zu sehen, dann erkennen wir in der Vielzahl dieses erhabene Kunstwerk, das Gott vollbrachte.

Dann sehen wir in jedem Ausdruck seine Liebe, in jeder Seele seinen Herzschlag. In jeder Träne seine Liebe, die er für uns empfindet. In jedem Antlitz, sei es nun Mensch, Tier oder Natur, seine Freude, die er an der Schöpfung hat, und in jedem Ausdruck seine Inspiration, die er in all unserer Liebe, in all unserer wahren, reinen und authentischen Liebe empfängt und aufnimmt.

5. Tag

Bildung ist der Weg zum Herzen von uns allen

Wenn wir hinschauen, auf ein Leben in Freude, Wohlstand, Fülle, Überfluss, ein Leben, das wir durch all unsere Liebe zelebrieren, dann sehen wir, wenn ich durch die Gezeiten blicke, heilige Zeiten, in denen wir feiern. Diese heiligen Zeiten tragen wir als Schätze mit uns, Resonanzfelder zu diesen sind vorhanden und ermöglichen uns im gegenwärtigen Moment, in dieser Freude, in dieser hellen Begeisterung, in diesem Frieden, für uns alle zu sein.

Heilige Zeiten beginnen in unserer Liebe.

Und wenn wir Liebe säen und diese Liebe pflegen, achten und ehren, dann wachsen wundervolle Kinder heran, Kinder, die ihr Potenzial ausschöpfen, aus ihrer Liebe geben, andere erheben und dadurch zum Wohl von uns allen in der Welt beitragen.

6. Tag

Wir sind glücklich

Wenn wir die Welt sehen, die wir in Liebe ehren, die wir würdigen, achten, erkennen wir uns als Teil des Ganzen, indem wir miteinander verwoben unser Lebensfest feiern.

Wir sind Geschöpfe reiner Liebe, und wenn wir uns an das Wahre in uns erinnern, an das Kostbare, Heilige, wenn dieser Zustand aufflammt, dieses heilige Feuer brennt, diese Erneuerung in uns zutage tritt, diese Erneuerung des Edlen, Wahrhaftigen, dann beginnt, in uns etwas Licht zu sein.

Dieses Licht, das in uns ist, dieser Wegweiser, diese Ankerleine lässt uns Dinge bewerkstelligen, die wir erst im Nachhinein als sinnvoll erachten.

So sind es manche Begegnungen, die uns hinblicken lassen, wo Potenziale sich in einer Fülle einen und ein Kaskadenfeuerwerk losbricht, wenn die richtigen Talente sich zur richtigen Zeit ihrer Wirkungsweise und Ausdruckskraft in Würde und Andacht bewusst werden.

Wenn wir schauen, welche Gaben, Talente wir haben, uns diese bewusst machen und miteinander hinschauen, was wir bewerkstelligen können, wenn wir uns einbringen, wenn wir unser Herz singen sehen, von Freude erfüllt sind und unser Herzschlag den Herzschlag des anderen ins Gleichgewicht, in die höhere Harmonie zu bringen vermag, dann schauen wir auf das, was in unserer wahrhaftigen und wirklichen Liebe möglich ist.

Dann schauen wir auf die Freude, die Freude, die sich spiegelt in unserem Lachen, die Freude, die sich zeigt, offenbar ist und sich aus unserer Liebe kundtut. Die Freude, die berührt, zu berühren vermag und die Anteil nimmt am Geschehen des Gegenübers, die Anteil nimmt am Ganzen, das wir verkörpern in all unserer Liebe.

Wenn wir hinsehen und den anderen erkennen in seiner Würde, Freude, Schönheit, wenn wir hinsehen, sein Licht erkennen, sind wir dankbar, dankbar für unser Erfassen, für das, was wir bereits sehen, verstehen, wozu wir Zugang bekommen haben. Zugang, Hilfe und einen Ort, der erfüllt ist von Licht, Freude, Dankbarkeit, Heimeligkeit,

Wärme, Zutrauen, von Schutz, Geborgenheit, Harmonie, friedlicher Stimmung, Genesung im Sinne der Liebe. Wo wir vertrauen und uns heim- und ankommen sehen.

Wo wir hinsehen, hinfassen, ob es, gemäß unserem Vermögen von Ausdrucksfähigkeit, wahr und somit fest ist, real, feinstofflich greifbar, ob es real ist und damit Verbindung hat zu unserer Welt, in der wir leben.

Wenn wir hinsehen, erkennen, die feinstoffliche Welt erfassen, die Klarheit aufnehmen und das Licht in uns einverleiben, das unsere Zellen erfüllt mit Leben, Licht, Leichtigkeit, Liebe, und diese dadurch im lichten Einklang mit dem Himmel schwingen und somit Gott, dem Göttlichen in uns allen, der Weg, der Boden bereitet ist zum Austausch, zum wahren Austausch, zu dem wir bereit sind, von deinem göttlichen Licht in deiner Würde, in deiner Liebe, zu meinem in meiner Würde, in meiner Liebe.

Dann ist es so, als würde man plötzlich die Trennung durchschauen und durch das Licht, das das Leben eben bietet, die Einheit erkennen.

Diese heiligen Funken, die sich kennen, erkennen und im Licht ihrer wahren Liebe ein Feuerwerk zünden, sind so beseelt von der Gabe, uns Gutes zum Geschenk machen zu können, dass wir aufblühen, wenn wir diese Gabe des Göttlichen in Liebe empfangen und innerlich getreu wissen, dass uns das aufs Schönste erfüllt.

Durch die reine Freude, die wir uns bereiten, indem wir die Verbindung zueinander sehen, die wir als Teil des Ganzen miteinander haben, ist es diese authentische Freude in uns, ist es dieser Akt reiner Freude, diese höchste Befriedigung, die wir im gegenwärtigen Moment erfassen – wir sind glücklich.

7. Tag

Wir singen in unserer wahren, reinen Liebe

Wenn wir singen in unserer Liebe, kommt das anderen zugute, wir sind im Flow, glücklich, ziehen schöne Dinge an, kommen an, weil dieser Flow in aller Liebe gesehen wird.

Und wenn wir in dieser höheren Schwingung miteinander umgehen, erheben wir. Es ist unsere Energie, die um diese höhere Schwingung weiß. Unser Licht, das wir in die Welt säen, unsere Liebe, Achtsamkeit, unser Bewusstsein.

Wenn wir den anderen in seinem wahren Licht sehen, erheben wir. Durchleuchten wir dunkle Aspekte, bringen Licht in die Welt. Licht, das ausstrahlt und durch unsere Quelle genährt ist.

Wenn wir diese liebevollen Quellen in der Welt entstehen sehen, indem wir durch unser Licht zum Lichtreichtum in der Welt beitragen, so erhellen wir, erheben wir und bringen Sonne dahin, wo vorher noch keine war.

Wenn wir auf die Liebe schauen, die wir in die Welt bringen durch unseren liebevollen Umgang, den wir pflegen, ist Frieden da.

Liebe geht immer einher mit Frieden, Freude ist Ausdruck der Liebe in ihrer Entzückung. Strahlen kommt von der Seele, wenn wir leuchten, lieben, achtsam und bewusst einen konstruktiven Umgang pflegen. Bewusstheit, Wachheit vom Geist, der in höchsten Regionen Moleküle in Vibration und in Schwingung versetzt, während das Bewusstsein die Welt in unserer Liebe füreinander erhebt.

Wenn wir Gott sehen in seiner Liebe, die wir erfahren, wenn wir lieben, wenn wir in Liebe sind, sehen wir das Licht im anderen leuchten. Sehen wir seine Bewusstheit, hohe Sensibilität, sein Vertrauen, seine Güte, sehen wir auf Werte, die uns Orientierung, Richtschnur und damit Geleit im Leben geben.

Wenn wir unsere reiche Innenwelt sehen, die Schätze, die sich angesammelt haben, die durch unsere Liebe zugänglich sind, wenn wir sie erfassen und Codierungen durchschauen, sehen wir offenbarte Liebe, ein herzzentriertes Leuchten, Gaben, Talente und Fähigkeiten, ein erweitertes Bewusstsein, vermehrte Liebesfähigkeit, Würde und Selbstsicherheit, ein waches, liebevolles Bewusstsein und geschliffene Diamanten.

Wenn du auf Ereignisse zurückblickst in deinem Leben, wenn wir hinsehen und fragen, was war wunderbar? Was hat sich gelohnt? Für was bin ich eingestanden?

Welche Handschrift hinterlasse ich? Welche Fußspuren? Welche Signatur hinterlasse ich?

Auf welches Leben schaue ich liebevoll zurück?

Hat es sich gelohnt zu leben? War ich glücklich, einsam? War es perfekt?

Wo brauchte ich Ruhe, um mich zu finden? Wo habe ich das Glück mit anderen geteilt? Wo war es vollkommen?

Was siehst du?

Für was sind wir in Liebe dankbar?

Es gibt unzählige Programme, die uns Leben erfahren lassen, und was verstanden sein darf, ist die Manifestation von Glück, die wir in unserem Leben erreichen.

Wenn ich alles durchschaue, so tragen wir durch unser Glück zum Glück aller Lebensformen in der Welt bei. Wenn wir glücklich sind, spielen so viele Komponenten zusammen, dass es in dieser hohen Harmonie zu so hohen Entladungen kommt, dass sie wiederum andere aufs Schönste berühren.

Das ist einzigartig wunderbar und grandios schöpferisch lichtvoll, fantastisch, faszinierend, sensationell, glückvoll, begeisternd, erhebend.

Wenn wir unser Herz singen sehen, sind Tore der Liebe offen, wir sind in natürlicher Resonanz und diese Resonanz bringt höchste Töne in uns zum Klingen. Wobei diese höchsten Töne Resonanzen bei anderen bewirken und diese Resonanzen wiederum zum Wohl anderer beitragen.

Haben wir unser Glück gefunden, ist Gottes Liebe offenbar und gleichzeitig ein Lichtkelch in der Welt, aus diesen heiligen Gefäßen können wir trinken.

Unsere Seelen, unser Geist ist genährt von hochschwingenden, liebevollen Gedanken. Und hier kommt es darauf an, das geht von angeregt bis höchstbeglückt ganz nach oben – lichtvoll erhaben und wunderbar. Unsere Körper, vom Licht dieser Liebe erfüllt, beginnen zu oszillieren, vibrieren, schwingen, und der Geist erfüllt sich in uns, zeigt uns lichtvolle Gaben, die wir durch unsere Liebe hervorbrachten.

Das bereitet uns Freude, Glück, Ansehen, Anmut, Erhabenheit und reine, liebevolle Stärke, die wir in die Welt säen in aller Liebe, um mit dem himmlischen Klang, dem Feuerwerk unserer Liebe, Licht, Liebe, Freiheit, Segen in die Welt zu bringen.

Wenn wir uns erheben in unserer wahren Liebe, den anderen als Teil des Ganzen sehen, uns selbst als diesen Teil des Ganzen erkennen, ist zunächst die Frage da, wie wir Liebe in die Welt tragen.

Und hier bedarf es der Liebe, die wir für Dinge empfinden, sei es nun Mensch, Tier, Natur, für Pflanzen, Geschöpfe, für Wesen, die uns am Herzen liegen. Wenn wir Liebe aussenden, kommt dies beim anderen an. Es sind Fluktuationen reinster Liebe, die erheben.

Senden wir diese Quantenströme vermehrt, beginnen wir, mehr und mehr zu leuchten. Andere sehen das. So ist dieses Leuchten gleichzeitig höchster Schutz wie auch wärmender, liebevoller Segen, den wir empfangen aus unserer liebevollen Verbundenheit, die wir miteinander haben.

Wir singen in wahrer, reiner Liebe.

8. Tag

Lasst uns unsere göttlichen Eigenschaften sehen

Wie wir die Welt in Liebe gestalten.

Wenn wir das Potenzial in uns haben, göttlich zu wirken, setzen wir es in der Welt ein, um damit wundervollste und herrlichste Welten zu erschaffen?

Wann schöpfen wir, wann agieren wir aus unserer Mitte, aus unserer Ruhe, Festigkeit, aus unserer zentralen Strahlkraft heraus?

Wann haben wir die Verbindung zu uns, zu unserer Seele, die uns singen sehen will, zu unserer Liebe, die wir jeden Tag aufs Neue atmen?

Wann ist das Göttliche in uns da, präsent, abrufbar?

Wann sprechen wir aus diesem Heiligen, aus unserer Mitte?

Damit wir die Welt sehen, benötigt es Wahrheit, Frieden und ein umfassendes Verständnis, woher wir kommen, wer wir sind, was wir vollbringen in unserer Liebe.

Wenn ich für die nächsten 15 Jahre schaue, was sich entwickelt, und mit diesem Jahr beginne, so sind es für dieses Jahr Umwälzungen, damit wir uns erkennen in unserer Liebe, damit wir sehen und mit zunehmendem Sehen verstehen.

Für 2016 ein Aufblühen, Schönheit sehen, Schönes in der Welt erfassen. Wir erkennen uns mehr und mehr, unsere Anlagen und Fähigkeiten, dass wir zu weit Größerem geboren sind, und in diesem Erkennen sehen wir die Tiefe unserer Verbindung, die wir im Leben haben, und aus dieser Verbindung resultierend die Größe, die wir durch all unsere Liebe in die Welt bringen.

Für 2017 gibt es Auseinandersetzungen.

Hier geht es darum, gefestigt zu sein, es wird gerüttelt und es geht um dein Klarsein, um dein Klarsein in Liebe. Ein Jahr der Trübungen, wenn man es so nennen will, und für alle, die im Licht gefestigt sind, ein Jahr, das uns aufsehen lässt zu all dem, was wir in unserer wahren, reinen Liebe vollbringen.

Es ist nicht schön, was ich für 2018 sehe. Wenn ich die Situation durchschaue, so fragen wir uns, hätten wir in Liebe besser handeln können?

2019 ist das Begräbnis des Alten. 2018 das Wehklagen. 2019 ist die Beerdigung und damit der Neubeginn, es ist ein kollektives Sammeln, Sammeln alter Energien.

2020: ein Aufblühen, wir gehen neuen Zeiten entgegen, ein Sehen, Hinsehen.

2021 gehen wir Wege miteinander.

2022 entstehen sehr schöne Dinge, das, was sich 2020 anbahnte.

2024: erwartungsvolle Freude.

2025: Die Stimmung steigt immer mehr.

2026: Wir sehen.

2027.

2028: Wir erkennen mehr.

2029.

2030: Diese letzten Jahre des Readings erkennen wir, und wenn ich von 2030 auf das Heute sehe, dürfen wir wach sein für das gesunde Miteinander, das wir leben.

Und wenn wir das Lebensfest in all unserer Liebe erfassen, tragen wir das Alte zu Grabe – das noch als Anmerkung der Vorausschau für die nächsten Jahre.

Und was ich mir wünsche ist, dass wir besser miteinander umgehen.

Wenn wir das Lebensfest verstehen, unsere Körper entwickeln, Reife erlangen, wo kommen wir hin in unserer Liebe? Dass wir feiern, uns freuen, dankbar sind für die Gaben, die wir haben?

Wenn ich aktuell die Welt sehe und jeden Einzelnen da abhole, wo er ist, dann lass uns bewusst miteinander umgehen in Liebe, Freude, Frieden und durch die Liebe, die wir einander angedeihen lassen, höhere soziale wie gesellschaftliche Ordnungen in die Welt bringen.

Wenn wir bewusst gesund miteinander umgehen und, um auf das Lebensfest zurückzukommen, dieses miteinander anstimmen, so ist es unsere Verantwortung, in diesem miteinander singen, heilige Töne im Leben anzustimmen. Das mag für manche hoch erscheinen, doch wenn wir sehen, was diese hervorbringen: Wahrheit, Freude, Bewusstheit, Reinheit, Kraft, dass wir lieben, uns in unserer Liebe erfahren und innerhalb dieser einen wertvollen Beitrag leisten.

Wenn wir den anderen als Teil des Ganzen achten, ist Frieden in der Liebe, die wir geben. Wenn wir die Möglichkeiten ausloten, die wir miteinander haben, um bewusst gesund in Liebe zu feiern, sind es ihre höheren Oktaven, die andere in all ihrer Reinheit und Freude zum Schwingen bringen.

Wenn wir das Lebensfest sehen, das wir miteinander gestalten können, indem wir aus unserer Liebe heraus agieren, handeln, erschaffen wir aus unserer wahren, reinen Freude eine Welt, die wir lieben. Die wir achten, die wir ehren, indem wir das hohe Heilige im anderen sehen, seinen Beitrag, sein Können, seine Entsprechung, seine Entwicklung und in diesem gesunden Miteinander, in diesem heiligen Erbauen des Neuen säen wir die Grundlage unserer heiligen Schaffenskraft. Ist all das in Liebe da, was wir zum Entwickeln brauchen, unsere Reinheit, die Reinheit der Gedanken, unsere Gefühle, die uns erheben und uns auf eine Welt schauen lassen, die wir lieben – eine Welt, die wir aus unseren Herzen hervorbringen, eine Welt, die singt in der kosmischen Harmonie.

Wir erschaffen in unserer wahren, reinen Liebe. Und lass mich hier zum Abschluss noch einen wichtigen Aspekt sehen: den Umgang mit Geld in der neuen Welt.

Wir gehen besser miteinander um. Wir tauschen, geben, schenken. Es ist ein Geben in Liebe. Es ist ein Geben, ein Schenken, dann schaue ich das Alte an und hier ist ein gesunder Ausgleich nötig.

Und im Neuen, durch diesen Umgang in Liebe ist ein wesentlich höheres Vermögen in unserer Liebe vorhanden und so erschaffen wir in wahrer, reiner Liebe.

Sind andere Realitäten möglich in unserer Liebe? Ja.

Wir erschaffen in unserer wahren, reinen Liebe. Bring die Welt, die du liebst, auf herrlichste, wunderschönste und wunderbarste Art und Weise hervor. Hier geht es auch darum, deine Identifikationen zu erkennen, um aus dem göttlichen, schöpferischen, liebevollen Bewusstsein deine Liebe und Manifestationskraft in die Welt zu bringen.

9. Tag

Über die Art und Weise, wie wir leben

Über die Art und Weise, wie wir leben, unseren Umgang – macht es Sinn, wie wir miteinander umgehen? Dass wir arbeiten für ein System, das wir anschauen dürfen? Das wir hervorbrachten?

Macht es Sinn, dass wir uns als Teile des Ganzen erachten? Ja.

Man hat so den Eindruck, als wollten sich Menschen über die imaginäre Ziellinie retten. Als wollten sie Zeit gewinnen, was rausschinden. Was klar sein dürfte: Wenn wir diese Systeme hervorgebracht haben, können wir sie ändern, und indem wir sie ändern, schaffen wir wertvolle und liebevollste Verhältnisse für uns alle.

Indem wir den Wert des Menschen sehen, seine innere Natur achten, seinen Werdegang, indem wir nachvollziehen, welcher Weg seiner war, und so einen Eindruck erhalten, wer zu uns in Liebe spricht, wen wir vor uns haben.

Wenn wir diese Achtung dem anderen angedeihen lassen, wirst du selbst in diese Achtung gehoben. Wird dir selbst auf dieser Ebene Achtung entgegengebracht.

Wenn wir die Dimensionsbrücken sehen in der Welt, und hier gibt's einiges zu lachen, dann können wir schauen, wie wir uns entwickelt haben. Wo sind wir reif, ausgewachsen?

Wo ist eine natürliche Begabung da, die wir nutzen?

Wo hat uns Gott eine Begabung geschenkt, die wir zur Entfaltung bringen können? Wo sind wir geschickt in vielfacher Hinsicht und wo dürfen wir Dinge einüben, bevor sie funktionieren?

Wo gehe ich rein in ein neues Muster, das mir unbekannt ist, und wie schaffe ich die Partizipation?

Wo schwinge ich im Einklang der Coolness, Cleverness?

Wo schaffe ich es, das Gleichgewicht zu halten und mich auf alles zu konzentrieren, was wichtig ist? Koordinationsprozesse zu lenken, um ein neues Gefühl, zum Beispiel in mein Körperspektrum, integrieren zu können, mit dem ich die Möglichkeit habe, aufgrund der hohen Konzentration ganz im Körper und damit ganz im Hier und Jetzt zu sein?

Welche Sportart – zum Beispiel Wakeboard, Klettern oder ein spezieller Hindernislauf – verhilft mir, durch Konzentration und Energie ganz im Körper zu sein?

Wenn ich die Weltseele anschaue und zum besseren Verständnis Fragmente deiner Seele, mit der du die Weltseele speist, vor Augen habe und die Art und Weise, wie wir miteinander umgehen, in meiner geistigen Klarheit und spirituellen Sicht erfasse, so gibt es in dieser Geschichte, die ich dir erzähle, einen heimatlosen Drachen, der auf dem Weg zum Licht sein eigenes Antlitz in seiner wahren Liebe erkennt.

Angenommen, höhere Wesen würden in diese Welt kommen, die Menschen sehen, sehen, wie sie miteinander umgehen, und in diesem Umgang kaum ein Licht erkennen. Aus Sicht der höheren Wesen ist es nun so, dass es wunderschöne Planeten gibt, wo wir feiern, uns lieben, ehren und der Mensch für sich, wenn er erwachsen werden will, sein Licht zum Höchsten aussendet, und zwar durch die Liebe.

Das können wir alle, wenn wir auf unser Höchstes sehen, wenn wir auf das wahre Höchste sehen, jeden Mensch, jedes Wesen, dann ist Frieden da, weil ich aus diesem Höchsten mein eigenes Höchstes in wahrer, reinster Liebe erkenne.

Wir sind verbunden, das dürfen wir erkennen, und wenn wir in Liebe miteinander umgehen, dann kommt uns das allen zugute, einschließlich denen, die nach uns kommen, und so dürfen wir die Art und Weise erkennen, wie wir miteinander umgehen – durch unser Licht ebenjenes in die Welt bringen und damit höheren Qualitäten im Kosmos die Möglichkeit bieten, durch ihr Licht, das du lebst, zum liebevollsten Umgang in der Welt beizutragen.

Wir bringen Licht durch unsere Liebe in die Welt, der Drache findet sein Zuhause und durch seine Liebe erfreuen sich Menschen an ihr.

Die Liebe ist in der Welt, weil wir liebevoll miteinander umgehen.

10. Tag

Durch deine Liebe zu deinen Nächsten erhebst du

Wie ernähren wir uns – Tiere. Wenn wir auf das menschliche Bewusstsein schauen, wenn wir uns das allerhöchste Wohl anschauen, behandeln wir Tiere besser?

Wenn wir schauen, was wir wirklich benötigen, die Art und Weise, was wir zu uns nehmen und wie wir uns verhalten, wenn wir die Mutter achten, die uns Früchte zur Verfügung stellt, die Früchte wachsen lässt, damit wir sie kosten und durch dieses Einverleiben an ihrer Liebe teilhaben, wenn wir der Erde danken für die Früchte, die sie hervorbrachte, wenn wir die Evolution und die Zyklen sehen, dann fragt man sich, wo wir anbauen in Liebe, wo wir unsere Liebe fließen lassen, wo ein gesunder Austausch da ist.

Wo wir in unserer Liebe Danke sagen für das, was wir empfangen.

Die Natur gibt uns diese Früchte, schenkt sie. Sie reifen heran, bilden Sprossen, Keime, die Natur bringt Wunder hervor aus ihrer Fülle. Sie spendet uns Liebe und aus ihrer Liebe erfrischt sie, spendet Leben, Liebe, Leichtigkeit, Freude, die wir aufnehmen.

Die Natur eine heilige Matrix.

Sie bringt Früchte hervor, reift, gedeiht, ruht, erneuert sich.

Und wenn wir aus unserer Liebe Danke sagen für all das, was wir empfangen, und damit durch unser Licht ebenjenes in die Welt bringen, erheben wir nicht nur die Pflanze, die uns dieses kostbare Leben bot, sondern setzen den Samen des Neuen in ihr, an dem wir uns erfreuen.

So empfängt die Pflanze Ihre Energie, nimmt sie auf und durch die Gefühlsketten entstehen Interaktionen, Verknüpfungen. Und so was wie Gefühlsantennen entstehen bei dir, die eine lebendige Kommunikation durch den Austausch mit der Natur und die Danksagung für die Früchte entstehen lassen. Indem sie die Fülle zur Verfügung stellt und wir diese Fülle nutzen, wir aus dieser Fülle geben, diese Fülle zur Verfügung stellen, ist genug Fülle für uns alle da.

Wenn wir der Natur Dank spenden, empfangen wir den Segen unserer Liebe.

Angenommen, der Mensch würde die Natur achten, ihr Liebe entgegenbringen und den Boden ihrer Heiligkeit würdigen, die Natur würde noch mehr schenken, als sie es jetzt schon vermag.

Der Mensch benötigt für sein Leben Licht, Liebe, Klarheit, Bewusstsein.

Der Körper ist vom Licht gespeist. Was er zu sich nimmt, ist Licht. Licht, das die Natur ihm bietet.

Wenn er Lichtvolles aufnimmt, ist Licht da, wenn wir liebevoll miteinander umgehen, ist Licht da.

Die vegane Ernährung bietet dem Menschen viel, um seine täglichen Grundbedürfnisse zu decken. Das vegetarische Angebot beinhaltet tierische Produkte, die wiederum die Qualität, die Sie zu sich nehmen, beeinflussen können.

Wir gehen bewusster miteinander um, da es den Menschen ein Anliegen ist, dass sie Tiere gut behandeln. Durch einen bewussten Umgang, den wir anderen angedeihen lassen, gehen wir besser miteinander um. Diese Auswirkungen sind auch in der Tierwelt spürbar.

Was verzehren wir, was kommt wie beim anderen an?

Wir bauen einander auf, das gilt auch für Tiere.

Du siehst Energie und hast die Möglichkeit zu wählen, falls du die feinere wählst, kommt dir das zugute und so steigt natürlich die Nachfrage nach feineren Produkten, da wir durch die Art und Weise unseres täglichen Umgangs in Liebe erheben.

Gesunde Nahrung fördert uns alle.

Geht bewusst gesund miteinander um, das stärkt nicht nur dich, sondern auch die Gesellschaft, in der du lebst.

Wir tragen zum bewussten Umgang in der Welt bei. Und durch deine Liebe zu deinen Nächsten erhebst du.

Lichternährer können für sich bewerkstelligen, vom Licht im Kosmos gespeist zu sein.

11. Tag

Wenn wir unser Leben liebevoll anschauen,
was sehen wir?

Sehen wir Kaskaden von Glück, die wir bereiten, sehen wir Freude, die wir mehren, Dankbarkeit, erfülltes Lachen, wohin wir blicken, und uns selbst als Teil des Ganzen, dem wir Freude bereiten?

Wenn wir ehrlich sind, was wollen wir in der Welt vollbringen?

Wollen wir einander aufbauen, erheben?

Wollen wir einander Gutes angedeihen lassen und die Welt mit unserer Liebe erheben, unsere Potenziale sehen und das, was wir vollbringen können?

Wenn wir uns ehrlich gegenüberstehen, bist du ein Teil von mir und ich segne dich, erinnere dich an deine Göttlichkeit, während Energie fließt und wir uns in wahrer, reiner, wirklicher Liebe erheben, weil wir wach sind füreinander, das Göttliche im anderen sehen und sein Licht, das in ihm leuchtet.

Wenn wir auf diese edle, achtbare Weise miteinander umgehen, was erkennen wir als Teil des Ganzen? Kennst du das Gefühl, dass wir uns so viel zu geben haben?

Siehst du die Verbundenheit im täglichen Leben?

Siehst du die Verbindung, die wir miteinander haben?

Siehst du den Frieden, den wir der Welt bereiten, der durch unsere Liebe Friedensträger hervorbringt – kleine wie große Herzen, die wissen, dass Frieden möglich ist. Wenn wir in diesem Resonanzraum der Liebe einander sehen, erfassen wir die Art und Weise der Seele, Bildung, Kommunikation und können uns so auf edle, wahrhaftige Weise verständigen.

Wenn wir in Frieden unseren Lebensweg gehen, werden uns Geschenke zuteil, die größer sind als wir, da dieses friedliche Miteinander Grundlage ihrer Existenz hier in dieser Welt ist.

Wenn du in Frieden bist, schließen andere Frieden, und da wir ein globales Herzresonanzfeld errichten, sind wir frei, in wahrer, reiner Liebe zu erschaffen. Da wir uns an unsere Gaben erinnern, den Frieden durch unsere Taten in die Welt tragen und unsere Herzsonnen einander erheben, bildet sich eine fantastische Kraft in der Welt.

Wir leben durch unsere Liebe in Frieden.

Im Licht unserer Liebe in Frieden zu sein bedeutet, dass wir uns finden und durch unser wahres Licht Licht in die Welt bringen.

12. Tag

Wenn wir in Liebe ansehen, was wir tun,
was wollen wir vollbringen?

Was wollen wir hervorbringen aus unseren Herzen?

Da ich alles hatte in meinem Leben: Frauen, Geld, Auto – ist es materieller Besitz, Wohlstand, ist es das Haus, das ich hatte und meinen Kindern ließ, ist es Reichtum, was macht glücklich?

Wonach sehnt sich unser Sein, was wollen wir erreichen?

Ich hatte alles und bekam die Frage: „Und, Alter, bist du glücklich?"

Und ich sah den Umgang und es erschreckte mich.

Wo ist die Liebe in der Welt, in der wir Dinge vollbringen? Leben, wenn wir Schöpfer sind, ist das unser Werk? Können wir guten Gewissens sagen: „Ja, es ist vollbracht."

Und wo wollen wir hin auf unserer Reise?

Wie ankommen, wo, wenn alles gleichzeitig ist? Wenn die Zeitillusion durchschaut ist, dann leben wir, und was es braucht, sind Achtsamkeit, Liebe, die Befähigung, wach zu sein füreinander, das wahre Schöne, Große zu sehen, dass wir eben unabhängig vom Alter Körper haben, einen lichtvollen Geist, der lenkt, und es will das verstanden sein, was wir als Routenplaner in uns haben, und hier stell dir eine Kugel vor mit allen Aspekten, zu jedem Menschen, zu jeder Seele, zu jeder Begegnung sind Speicherungen vorhanden. Speicherung, die aus Erfahrung resultiert und dich voranschreiten lässt. Diese Speicherungen ermöglichen dir, einen bestehenden Kontext zu erkennen.

Es sind die energetischen Signaturen, die – und hier kommt es auf die Stimmungen für dich an und ob du dich in einem Körper befindest – je nach Entwicklungsgrad lesbar sind.

So bist du, je weiter du dich entwickelst, reiner, freier und auch feiner im Sinn von sich deiner Liebe bewusster. Du verstehst dich als Ganzes und doch leuchtet etwas hell und klar in dir, das in uns allen ist und in unserer wahrhaftigen Liebe die Welt erhellt.

Nun ist es so, dass die Erde ein lebendiger Organismus ist, und wir diese Welt beleben, hier stell dir eine Sonne vor, damit es verstanden wird. Wir sind hier als Aspekte Gottes, jeder trägt die Göttlichkeit in sich, jeder ohne Ausnahme.

Es sind alle Teile des einen, und wenn wir die Sonnenstrahlen in Liebe sehen, den Sternenstaub, das Glitzern, Funkeln, wenn wir erwachen in unserer Liebe und sehen, woher wir kommen, öffnet sich für uns die Quelle, das Tor zum Neuen.

Wir erwachen in unserer Liebe und sind damit in Resonanz mit dem Heiligen.

Wenn wir die ganze Geschichte verstehen, dass wir ins Abseits gehen, in die Trennung, ins Erfahren, in die Illusion des Getrenntseins voneinander, in die Illusion des Andersseins, sehen wir eine Entwicklung, die aus der Quelle erfolgte, aus dem Sein von etwas, das wir hervorbrachten, und durch unser Spiel, wenn man es so nennen will, Anziehung, Abstoßung, erschufen wir Welten. Die aus dem Sein heraus die Möglichkeiten geboten haben, eine Realität hervorzubringen, die es uns erlaubt, gestattet, das Wunder des einen in all unserer Liebe zu fassen.

Die Gefühlskörper, die wir hervorbrachten, Pole auf beiden Seiten, schufen für alle Zeiten Ausgleich für das, was wir hervorbrachten. Wir tun es uns selbst an, wenn man so will.

Doch wie eine Keilerei ausartet, so haben wir die Wahl einzuschreiten, mit unserem Bewusstsein oder Segen in diese Situation einzugreifen und somit Harmonie im Raum zu schaffen, einander in Liebe zu sehen und so den Frieden begrüßen zu können, der aus einem bewussten Umgang miteinander erwächst und uns unser Schöpferdasein auskosten lässt.

Da wir jedoch auch den freien Willen haben, in unserer Anlage, die wir erhielten, alles bekommen haben, um schöpferisch tätig zu sein, und in unserer Entwicklung immense Gaben ansammelten, stehen uns diese Gaben in unserer Liebe zur Verfügung, und indem wir liebevoll miteinander umgehen und den anderen als heiligen Aspekt des Ganzen achten, schöpfen wir aus all unserem Vermögen wahre, reine Liebe, die Sie beim Geben ebenso erhebt wie Ihren Nächsten in seiner Liebe.

Wenn wir von Herzen miteinander umgehen, erheben wir, und wenn wir das Ganze sehen in all unserer Liebe und dieses Ganze in unserer Liebe erheben, indem wir unsere Herzsonne füreinander strahlen lassen, erkennen wir uns mehr und mehr als Teil eines umfassenden Ganzen, als Teil einer göttlichen Natur, die in sich Liebe ist und dem Menschen den freien Willen gab, in Liebe aus reiner Herzensfreude zu erschaffen.

Und in deiner Liebe ist ER mit dir, und damit Schutz gegeben ist, gab er dir den freien Willen, doch durch unsere Liebe ist Kommunikation möglich und in ihr sind wir verbunden und so auf die Liebe miteinander eingestellt.

Wir bringen Liebevolles in aller Liebe hervor.

Wir bringen durch unsere Liebe Liebevolles hervor.

Was wollen wir vollbringen? Wir bringen Liebe in die Welt und damit Segen.

Wir bringen durch unsere Liebe Liebe hervor und dadurch lieben wir, und das ist, was Gott ist.

Wir lieben, und wenn wir in unserer Liebe miteinander sind, ist Gott da in unserer Liebe, die wir füreinander empfinden.

In unserer Liebe gehen wir goldene Wege, und weil wir in unserer Liebe goldene Wege gehen, nennen wir es seit jeher „goldenes Zeitalter", weil wir einander aufbauen, uns einbringen und so den Sinn unseres Lebens erkennen, dass wir schöpferische Fähigkeiten haben und diese zum Wohl aller einsetzen. Und wenn wir das miteinander tun, ist höchste Erfüllung da. Und wir singen im Lied unserer Freude, weil wir erheben und in diesem Erheben selbst in unserer Liebe wachsen. Und durch dieses Wachsen, natürlich weil wir miteinander verbunden sind, heben wir das ganze Feld in Liebe und damit hat in all unserer Liebe das goldene Zeitalter begonnen, und das macht allumfassend glücklich, weil es erfüllt mit wahrer, reiner Liebe, die wir in uns haben und in die Welt bringen, und damit erheben wir.

So ist allseits Liebe hier, Amen.

13. Tag

Wenn wir uns in Liebe erheben, erkennen wir

Wenn wir uns in Liebe erheben, erkennen wir, dass wir zu weit Größerem fähig sind als bisher, zu weit Größerem, da es unsere Natur ist zu erschaffen, zu errichten, Freude zu schenken und durch die Freude zu erheben.

Zu erheben in unserer Liebe, unsere Liebe in die Welt fließen zu lassen, indem wir Liebe spenden und so Licht in die Welt bringen.

Wenn wir aufeinander schauen im täglichen Leben, erheben wir im natürlichen Sinn durch unser Dasein, Bewusstsein, durch unsere Freude, unser Lachen, durch Liebe, die wir im täglichen Leben leben.

Wenn wir die Lotusblätter anschauen, wie sie sich zusammensetzen: Leichtigkeit, Wohlwollen, Frieden, Mitgefühl, Güte, Kontemplation, Innenschau, Bewusstsein, Vertiefung, vertieftes Wissen, Klarsein, die Welt mit unseren inneren Augen sehen. Wenn wir in das Heiligreich hinabsteigen, das in uns ist, hinab in die Tiefen unserer Seele, uns einlassen auf uns selbst, wie ein Licht in die Tiefe sinken bis zum Grund unserer Existenz und dort ein Licht für uns entzünden, ein Licht der immerwährenden Hoffnung, der Freude, Anteilnahme am Geschenk des Lebens. Wenn wir dieses Licht brennen lassen in uns und ihm die Möglichkeit geben, uns zu führen, und wir das Licht vom Gotteslicht tragen lassen, das du bist, erhellen wir Stufe um Stufe deiner Großartigkeit und bringen Licht in Bereiche, die dir durch deine Ansicht nun zugänglich sind.

Wenn du dir nun erlaubst, dieses Licht etwas heller sein zu lassen, gelangst du in Bereiche der Erkenntnis, in denen ein Ahnen da ist, doch es reicht nicht, um die Situation zu erfassen. Wenn du nun an der Schwelle bist, dein Licht leuchten zu lassen, erhellst du dich und andere auf deinem Weg. Du bist das Licht und die Liebe.

Kennst du das Spiel der kleinen Kinder, ich sehe dich nicht. Gott sieht in seiner Liebe, und wenn wir die Augen öffnen, sehen wir ebenso. Wenn wir also hinsehen auf unser Bewusstsein und uns, durch die Liebe offenbart, über die Realität, Wirklichkeit öffnen, in der wir sind, trägt unser Licht, unsere Bewusstheit dazu bei, dass wir im Licht unserer Liebe die Augen öffnen, hinsehen und damit unsere Kreationen durchschauen. Wir sind für unser Leben verantwortlich und wir bringen das durch unsere Liebe hervor, weil wir sehen wollen, erfahren wollen, verstehen wollen. Der Körper bietet uns Möglichkeiten, uns als hochspirituelle Wesen im menschlichen Sein zu erfahren, und der Körper dient uns als Erfahrungsinstrument, bestimmte Stadien der Evolutionsprozesse zu durchlaufen.

Wir erkennen uns in unserer Liebe immer wieder an unserer Signatur. Die persönliche Handschrift, die wir hinterlassen, sei es Architektur, Kunst, ein Beitrag, der von Herzen bewegt. Die Töne, die wir spielen, werden oft von denen gesehen, die die Heimat nicht vergessen, die sich erinnern an ein Meer aus Freude, Weite, an Licht, Leben, Lebendigkeit.

Und wieder gibt es aktuell Menschen, die sich einbringen, um aufzurichten, um zu erinnern, wach zu sein, hinzusehen und damit das Licht aus den Tiefen deiner Unendlichkeit, aus dem Quell deiner Ahnen, und wenn es hier Versöhnung braucht, lass sie da sein, aus dem Kreis deiner Freunde und Bekannten in die Welt fließen zu lassen.

Lass dein Licht leuchten, denn wenn du dir erlaubst, dein Licht leuchten zu lassen, erlauben es sich andere, deinem Vorbild getreu, ebenso. So ist es deine Liebe zu deinem Nächsten, die euch beide erhellt. Dein Beitrag in Liebe, der erhebt und anderen die Möglichkeit gibt, ihre Liebe zu entfalten.

Wenn wir unsere Schwingen erheben, wach sind füreinander und aus diesem Erheben in Liebe geben, ist in unserer Liebe Segen, Segen, der die Welt erhellt. Und aus diesem Segen, den wir uns bereiten, entstehen Freude, Leichtigkeit, Wohlwollen, Frieden, entstehen Treppen in die Glückseligkeit, aus der wir kamen. Entstehen Tempel höchster Freude, Häuser, die vom Licht beseelt, Gaststätten, die von Lichtem erfüllt, und Beherbergungsbetriebe, die von Seelen, die sich in Liebe erfahren, aufs Herzliche geküsst angenommen sind.

Und der einende Geist, das liebende Feld, in das wir gebettet sind, ist in allerhöchster Freude, weil unsere Herzen singen und damit liebevolle Töne im Universum erklingen, und in dieser heiligen Freude sehen und erkennen wir uns aufs Neue und in diesem Erkennen ist unser Licht, das wir in die Welt bringen.

Wir bringen Liebe in die Welt und in unserer wahren, reinen Liebe singen wir. Wir bringen Liebe in unserer Liebe füreinander in die Welt.

So sind wir in unserer Liebe, während unsere Herzen singen.

14. Tag

Wir erschaffen in unserer Liebe
konstruktive Bedingungen

Wenn wir uns in Liebe, im Einklang mit unserer freien Natur bewegen, fördern wir, fördern wir Bewusstsein, die Nachhaltigkeit in unserem Leben, dass wir in Liebe vorangehen. Und durch unsere Liebe, durch unser Licht, das wir in die Welt bringen, schaffen wir Verbindungen zwischen Menschen unterschiedlicher Kulturen, Nationen und gesellschaftlicher Hintergründe.

Wenn wir sehen, wie wir miteinander umgehen in einer Welt der Liebe, lieben wir, ehren wir, sind wir dem anderen wohlgesinnt und durch unsere wahrhaftige Liebe fließt Liebe in die Welt.

Wenn wir aufrichtig lieben, sehen wir das Licht im anderen, sehen wir sein Leuchten und durch dieses unser eigenes Leuchten.

Indem wir dem anderen Gutes tun, erkennen wir, indem wir, wie im Körper auch, Blut zirkulieren lassen, Lebensenergie, Lebenssaft, Lebenskraft, indem wir den harmonischen Kreislauf im Körper, das Blut fließen lassen, und wenn Menschen sich einbringen, ist das Geschenk dieser Lebendigkeit auch im Leben bei den Beziehungen hergestellt, um im Licht unserer Liebe zu erheben. Wenn wir daher zu einer harmonischen Gesamtkonstellation beitragen und unsere Liebe einbringen, kann ein Gesamtorganismus gesunden, weil durch dich die Energie fließt, die der Organismus benötigt. Reinheit, Klarheit, Kraft, Würde, Tiefe, Vertrauen, Mitgefühl, durch dich gesunden Dinge, weil du dich einbringst, weil du da bist, weil du hinsiehst. Weil du dich einbringst und Energie fließen lässt, bringst du Fluss in die Welt. Alles fließt zu denen, die es ebenso fließen lassen, und so verstärken sich in Liebe Ströme, die wir durch die Art und Weise, wie wir miteinander umgehen, konstruktiv einsetzen und dadurch dem Organismus die Möglichkeit geben, dass er mit sich in Einklang kommt, um aus der höheren Harmonie höchste, allerhöchste konstruktive Ordnungen in die Welt zu bringen. Es geht um das Weiterfließen-Lassen in Liebe, das uns alle erhebt. Wir sind da, um in wahrer, reiner Liebe zu erschaffen, dass wir konstruktivste Bedingungen durch unser Einbringen ins Leben schaffen. Wir erschaffen in unserer Liebe konstruktivste Bedingungen.

15. Tag

Wenn wir uns für die spirituelle Welt öffnen

Wenn wir uns für die spirituelle Welt öffnen, reicht der Erfahrungshorizont, reicht das Wissen, das wir haben, oder ist es ein Öffnen in unserer Liebe, das geschieht, damit wir uns öffnen für die wahre, reine Größe, die wir haben?

Entdecken wir unseren Erfahrungshorizont, erkennen wir, wie viel Reichtum wir in uns haben?

Dass wir an heiligen Plätzen gelehrt haben, Wunden versorgten und unterrichteten. Dass wir uns einbringen in unserer Liebe und dass der Reichtum der Gezeiten uns hilft, das in aller Liebe zu erkennen. Wo bist du zu Hause, was liegt dir, was ist dir gegeben als Gabe des Ganzen, als Frucht des einen? Ist es die Freude, das Lachen, das Singen, Musizieren, Kunst, Pädagogik, Gestaltung?

Ist es das Werk unserer Ahnen, das wir vollenden, Werk des einen, das wir in all unserer Liebe erschaffen?

Was bringen wir hervor, wenn wir lieben? Sterne, die in all unserer Liebe leuchten und damit Licht in unser Leben bringen?

Wenn wir uns für den spirituellen Reichtum öffnen, haben wir Zugang zum Universum der Weite.

Stell dir die spirituelle Welt als Grundlage vor, wie ein Hologramm, in dem wir uns erfahren: Wir sind nicht der Körper, brachten diesen hervor.

Wir sind nicht unsere Gefühle, brachten diese hervor.

Nicht unsere Gedanken, brachten diese hervor.

Nicht nur unser limitiertes und körperliches Empfinden, brachten dieses hervor.

Reines Bewusstsein und göttliche Existenz, die die Bühne des Lebens betreten, um eine menschliche Inkarnation zu erfahren. Reines Bewusstsein, das durch den Trichter des Bewusstseins/der Inkarnation eine menschliche Erfahrung macht.

Die Täuschung hat ein Ende und das ewige Leben hat begonnen.

Wenn du dich also für den spirituellen Reichtum öffnest, hast du Zugang.

Zugang zu den Möglichkeiten deiner Erinnerung, zum aktuellen Reichtum deiner Liebe, die du lebst, und Zugang, der über diese Welt hinausreicht – zu deinem spirituellen Bewusstsein und zu Welten, die allerhöchste Künste zelebrieren.

Zu Welten, die spirituelle Kunst und Lebenskunst vereinen, dadurch hast du die Möglichkeit, spirituelle Kunst in all deiner Liebe sichtbar werden zu lassen.

Begeistere andere durch deine Liebe, die du lebst.

Begeistere Menschen durch einen klaren Blick, leuchtende und funkelnde Augen, wenn du von Liebe sprichst und dein Herz überfließt, in der göttlichen Gegenwart des einen funkelt, der das Lichtermeer erhellt, der das Feuer deiner lichten Gegenwart entzündet und der deine Herzenssonne entflammt und zum lichtvollsten, wunderbarsten, hellsten Strahlen bringt.

Gott ist mit dir.

So ist allseits Liebe auf die wunderbarste Weise hier.

Wir erheben in unserer wahren, reinen Liebe und in diesem Erheben ist unser Segen jeden Tag.

16. Tag

Wenn wir Liebe in die Welt bringen, strahlen wir

Es ist deine Sonne, die dich erinnert, dein Licht, das eins ist mit dem Strahlen anderer.

Dein Licht, das dich erinnert an die Größe, Wachheit in dir. Dein Licht, das dich erhebt in die Grenzenlosigkeit. Wir sind in unserer Liebe Schöpfer. Wir können alles vollbringen. Wir dürfen uns an den Reichtum in uns erinnern. An den Reichtum, den wir durch vereinte Herzen in uns haben.

An unseren Reichtum, der in uns ist.

Wir wollten uns erfahren außerhalb unserer Grenzenlosigkeit. Wir wollten wissen, wie es ist, zu leben. Leben in unserer Tiefe erfahren. Wissen, was es heißt, da zu sein in einem Körper, der das Refugium für unsere Seele bietet.

Der uns Raum bietet, Leben auf wundersame Weise erfahren zu können.

Wenn wir die Seelenlandschaft ansehen, gibt es viel, und so wie Seelen sich achten, wenn sie Höchstes sehen, ist es die Achtung vor dir, deine Achtung, dein höchstes Potenzial, deine Entwicklung in das Vollkommene, das dir den Weg bereitet, die Möglichkeit bietet, deine Aura im Licht deiner wahrhaftigen Liebe für andere als Zeichen deiner Verbindung, deiner Verbrüderung, deiner Brüderlichkeit mit Gottes Licht auf Erden anzuerkennen.

Du bist Teil des Ganzen und in deiner Herrlichkeit repräsentierst du das Ganze durch deine Würde, durch dein Licht, das du der Welt schenkst, durch dein Strahlen. Durch dein Leuchten in der Welt erhebst du und andere erinnern sich. Erinnern sich an ihre eigene Kraft. Es ist, wie wenn etwas zu Bewusstsein kommt. Erst dämmert es, dann ist es klar. Du erinnerst dich. Du kannst lesen, weil du Licht bist. Dein Dasein erhebt dich und durch dein Erheben sehen Menschen auf das, was ihnen wichtig ist, stehen füreinander ein, helfen, und in diesem Helfen ist Liebe. Und indem sie die Verbindung zu sich finden und ihr Haus mit Licht erfüllen, in ihrer Liebe auf das achten, was benötigt wird, erkennen sie die Verbindung zum Leben. Zu allem Seienden, zu jeder Pflanze, jedem Tier, jedem Menschen. Erkennen sie ihre Unendlichkeit. Dass wir ewige Wesen im Spiel der Gezeiten waren, die erwachen und wach füreinander sind. Indem wir uns sehen in unserem wahren Vermögen, Liebevolles aus unseren Tugenden in die Welt zu bringen. Indem wir sehen, dass wir das Vermögen haben, besser miteinander umzugehen, ist es unsere Wahl, Liebe in die Welt fließen zu lassen und damit heilige Räume zu schaffen, wo Menschen genesen, ankommen und in ihrer Verbindung zueinander Wahrhaftiges erkennen. Dass wir durch unsere Liebe zum Wohl anderer beitragen.

Dass dieses Wohl unser eigenes Wohl in aller Liebe ist. In Wahrheit gibst du dir. Und dass dein Geben in all unserer Liebe ist.

Wenn wir erheben in all unserer Liebe, kannst du geben und dadurch erheben aus deinem Reichtum, was wiederum ankommt, gesehen wird. Oder du kannst durch Gaben auf dich aufmerksam machen, die anderen wiederum ihr Ankommen ermöglichen. So oder so ist ein Geben vollbracht. Du kannst aus Reichtum geben und beides erreichst du durch Verbindung, Verbindung, die dir zuteil ist, die dir gegeben ist.

Wenn wir uns in unserer Liebe erheben, sind wir frei.

Frei zu erkennen, was benötigt wird, und in unserer Verbindung mit dem Ganzen haben wir die Möglichkeit, dass wir uns einbringen, weil wir schöpfen, aus der heiligen Quelle schöpfen und damit unmittelbar Segen in die Welt bringen.

Was andere daran erkennen, dass wir helfen, wo Hilfe benötigt ist.

Dass wir uns einbringen, wo ein Einbringen sinnvoll ist.

Und dass wir aufeinander zugehen und den anderen Teil des Ganzen ebenso achten und ihn sehen lassen, ihm zu verstehen geben, dass wir hinsehen in unserer wahren, reinen Liebe, die wir zum Ganzen haben, und so sein Beitrag auf liebevollste Weise geachtet wird.

Wenn wir uns einbringen, singen wir.

Wir dürfen in unserer Gabe erkennen, dass die Vielfalt, unser wahrer, spiritueller Reichtum, ebenso in der spirituellen Freiheit wie in dem Erkennen ist, dass wir in all unserer Liebe verbunden sind, in dieser Liebe erschaffen und in diesem Erschaffen unser wahres, reines Wunder liegt, das wir in all unserer Liebe in die Welt bringen.

Ich erhebe jeden Tag Menschen, das macht glücklich.

17. Tag

Die höheren Ebenen in unserem Leben

Wenn wir die höheren Ebenen in unserem Leben erkennen, erkennen wir automatisch, wie sinnvoll es ist, Liebe in die Welt zu bringen, die dich führt, mit der du dein Leben lenkst wie ein Auto, die dich an schöne Plätze bringt, die dich die Welt mit den Augen der Liebe sehen lässt, die dir aufzeigt, wie schön das Leben ist.

Wenn wir in Liebe navigieren, bist du mit einem Quantenfeld verbunden, das sich Herzfeld der Liebe oder auch Quantenfeld der Sonne, das sich Obertöne der Freude, das sich Lichtmeer, Duft der Rose oder auch Matrix des Göttlichen nennt.

Es ist eine Struktur der Liebe, in der wir durch unsere Eigenliebe angehoben sind. In der wir sehen, lichte Räume erkennen, Verbindung zu unserem Höheren haben und durch diese Verbindung auf liebevolle Weise aufeinander eingestimmt sind.

Diese Verbindung in Liebe nähren wir und sie nährt uns, während wir uns darin befinden.

Ein Kind zum Beispiel benötigt unsere Energie, unsere Liebe, Aufmerksamkeit, Hingabe, um in diesem Feld der Liebe zu wachsen. Es sind Brunnen, Quellen der Liebe, die wir hervorbringen durch unsere Liebe, die wir leben.

Dieses Kind frisch aus der Quelle benötigt unsere Liebe, unsere Aufmerksamkeit in Liebe, unser Wachsein. Es ist diese Form, Gestalt, sein Leben, das Aufmerksamkeit benötigt, und in unserer Liebe, die wir füreinander empfinden, fließt diese Liebe frei von Organismus zu Organismus und belebt uns, erfrischt, und wir tanken durch diesen Liebesaustausch, weil wir Energie fließen lassen. Weil wir reine, göttliche Energie aus unseren Herzen in die Welt fließen lassen und dadurch selbst in dieser Liebe Segen in die Welt bringen, der uns in all unserer Liebe erhebt.

Wenn wir diese Liebe zu unserem Nächsten fließen lassen, gibst du ihm die Möglichkeit, mit seinem Potenzial in aller Liebe in Verbindung zu sein.

So ist deine Liebe ein Garant, um andere in ihre zu erheben. So ist deine Liebe Beispiel und Licht, das in der Welt Licht hervorbringt.

Und somit findet wieder eine Erinnerung an das Ganze statt.

Wir kamen aus dem Licht, aus den Ebenen unserer persönlichen Entwicklung und durch die Ebenen der Eltern in die Welt. Durch unsere Liebe kehren wir zum Licht zurück.

Und wenn wir aus der Stille erkennen, was uns wichtig ist – Kinderlachen, Freude –, und aus der Stille fühlen, wie wertvoll Leben in aller Liebe ist, und wenn wir fühlen, dass wir angehoben werden, weil unser Bewusstsein reif ist, reif, in Liebe Kostbares in die Welt zu bringen, wenn wir fühlen, dass wir dank unserer Liebe erwachen und die Sonne in uns beginnt, an Kraft zu gewinnen, wenn wir das Firmament fühlen und in unserer Erinnerung wach sein lassen, erinnere ich mich an heilige Tage voller Wärme, Frieden, Freude. Wir feierten. Ich spüre Kraft, wie Leben sich ausdrückt, Gebärden und Lachen der alten Weisen – ich sehe Dinge, die uns verbinden, und eine Frage: Was ist Leben in all unserer Liebe, wie können wir Leben gestalten, ist es der Ausdruck dessen, woran ich mich erfreue?

Ist es die Matrix des Heiligen, in der ich mich befinde? Ist Heiligkeit das, was du vollbringst in deiner Liebe, oder ist das heilig, was wir achten?

Den Säugling, das Kind, den Knaben, die Mutter, den Weisen, den Alten, die Frau – ist das heilig, was wir ins Leben bringen durch unsere Verbundenheit, durch unsere Liebe, die wir ausstrahlen?

Ist das heilig, was wir der Welt aus unserer wahren, reinen, liebevollen Verbindung geben?

Ist das heilig, was wir in unserer Liebe Wunder der Freude, Wunder des Glücks, Wunder des einen nennen?

Kind der Sonne. Du bist da und das ist wunderschön!

Wie können wir ein Leben in Liebe gestalten?

Indem wir das Licht im anderen sehen, seine Liebe anerkennen und einen humanitären Umgang miteinander pflegen.

In all unserer Liebe das Leben leben.

Aus der Quelle zum Licht, Gott ist in deinem Leben – wir dürfen es jeden Tag sehen.

18. Tag

Wie möchten wir miteinander umgehen?

Wenn wir unser höheres Bewusstsein ins Leben einfließen lassen, ordnen sich Dinge, indem wir Zuständigkeiten erfassen und die Art und Weise sehen, wie wir miteinander umgehen.

Wenn wir klar, ehrlich und aufrichtig aus unserem Herzen kommunizieren, kommt das beim anderen an, weil er sich gesehen fühlt, geachtet, und indem du fühlst, dass eine Einigung möglich ist, und du dafür angemessene Rahmenbedingungen schaffst, können die Seele in ihrer Sehnsucht nach einem Zuhause, der Geist in seiner gewissenhaften Ausrichtung und der Körper in der Ausbalancierung der seelisch-geistigen Aspekte, die in Einklang kommen wollen, miteinander in die höhere Harmonie gelangen, weil wir im friedvollen, ehrlichen und gewissenhaften Kontext aufrichtig miteinander umgehen.

Wenn wir daher auf einem soliden Fundament aufbauen, indem wir ehrlich hinsehen, was uns bewegt, was uns singen lässt in unserer Liebe, wenn wir den Mut aufbringen, gewissenhaft, seriös und solide aufzutreten, festigt sich in all unserer Liebe etwas in uns, das dir einen sicheren und stabilen Standpunkt vermittelt, von dem aus du in all deiner Liebe die Früchte neuer Errungenschaften erntest.

Wenn wir liebevoll miteinander umgehen und den anderen wirklich sehen in unserem Herzen und die Freude hochleben lassen, sind wir bereit, die Früchte unseres Lebens in aller Liebe zu genießen.

Sind wir bereit, das Wahre zu kosten und durch dieses Kosten einen Eindruck vermittelt zu bekommen, der uns aufzeigt, der uns sehen lässt, dass Wege in Liebe manchmal schwierig, jedoch lohnenswert und in unserer Liebe füreinander begründet sind. Es lohnt sich auf jeden Fall und immer, von Gottes Gnade in all unserer Liebe zum höchsten Wohl alles Lebenden erfüllt zu sein. Das leuchtet in jedem Aspekt dieser heiligen Schöpfung auf. Sei es nun in der Natur, im Zusammenspiel der Geschöpfe oder beim Menschen, die auf eine friedvolle Kommunikation miteinander ausgerichtet sein dürfen und so in der Schöpfung das göttliche Lied, das Hohelied der Sympathie, Achtung und gegenseitigen Wertschätzung, und Würdigung des anderen in aller

Liebe leben und dadurch das Göttliche im Leben durch ihre Liebe, die sie miteinander zelebrieren, und den Gottesfunken in ihrer wunderbaren Liebe in die Welt bringen.

Heilig, heilig, heilig.
Gott ist da in unserer Liebe.
Er singt jeden Tag.
Gott ist in unserer Liebe.

19. Tag

Wenn wir das Wahre im Leben sehen

Wenn wir das Wahre im Leben sehen, erkennen wir Gott, der in allem ist. Erkennen wir die Liebe, die uns Auftrieb verleiht, die uns sehen, erkennen, verstehen lässt, dass ER in seiner Liebe in unserer Handlung ist und wir in unserer Liebe für das Ganze durch diese Segnungen empfangen. Weil sie aus dem Licht stammen, das du gibst. Diese Segnungen erheben.

Wenn wir den einen in all seiner Liebe verstehen, von dem wir uns abwenden können, und selber die Liebe einbringen, die uns mit dem Höheren im anderen verbindet, erkennen wir, wie sehr wir durch liebevolle Handlungen, durch Achtung, Respekt dem anderen gegenüber, durch Hingabe an das Heilige, durch die Einsetzung aller Tugenden und Fähigkeiten die Liebe im anderen wecken.

Sie ist da, sie ist in jedem von uns, und wenn die Quellen dieser Liebe sichtbar werden, beginnen Menschen, eine höhere Natur auszumachen, die sie an das Wahre erinnert.

Indem wir uns einbringen, unserem Dank Ausdruck verleihen, beginnen wir mehr und mehr zu erfassen, wie sehr wir durch kostbare Gaben zum Glück anderer beitragen können.

Wenn wir uns für Heiliges in unserem Leben öffnen, den Wohlklang des einen in unserer Liebe erfahren, bekommen wir einen Vorgeschmack darauf, wenn wir unsere Liebe leben. Unsere Seele singt in unserer Liebe, unser Geist tanzt und wir spielen die höchsten Melodien im Leben. Wenn wir uns dem Göttlichen anvertrauen, das in jedem ist, erfahren wir täglich mehr Wunder. Wenn wir hinsehen, erlauben, dass das Heilige in uns allen uns Einblick gewährt, und wenn wir mit unserer Liebe erfassen, dass du es bist, der gibt.

Wenn wir hinsehen auf die Situationen im Leben, wo du dich einbringst in deiner Liebe und diese Liebe Früchte trägt, Früchte, die durch deine Saat hervorkamen, Früchte, die dir bei deiner Orientierung helfen. Du bist viele Wege gegangen. Wenn es dir freigestellt ist, Höchstes in wahrer Liebe zu entfalten und du durch deine Liebe mit dem göttlichen Potenzial verbunden bist, dann erkennst du, dass jeder

Atem von dir, jede Handlung, jedes Geschick von etwas Höherem in dir mit deiner Erlaubnis in deiner wahren, kostbaren Liebe vollbracht ist.

Wenn wir Oktaven der Liebe im anderen zum Klingen bringen, im Resonanzfeld unsere heiligen Körper zu schwingen beginnen und in dieser Anlage, die wir haben, das Göttliche im Täglichen an Eindruck, Hinterlassenschaft gewinnt, dann beginnen wir, sehen, verstehen, ordnen ein, beobachten, wie sich dank unserer Liebe Resonanzen dieser Schwingungsmuster herausbilden und zeigen.

Neue Melodien in unserem Herzen entstehen, die Qualitäten aufzeigen, die mit anderen Qualitäten, die von ähnlicher Naturbeschaffenheit sind, auf eine wunderschöne und ordnende Wertebene gelangen.

Was ist dir wichtig und was bringst du hervor? Durch das Göttliche in uns allen beginnen sich herrlichste Elemente zu bilden, wunderbarste Strukturen, reinste und eleganteste Ausprägungen und edelste Noten, edelste Kunstwerke und lichtvollste Werke – wir bringen Liebe in die Welt und in unserer Liebe füreinander durch sie geborenes Licht.

Gott ist in unserer Liebe, das dürfen wir erkennen.

Wir sehen es jeden Tag.

20. Tag

Wir gestalten in wahrer, reiner Liebe

Wenn wir die Verbindung zueinander achten, dieses höchste Glück geboren ist, dass wir uns sehen, erkennen und in diesem Erkennen unsere Göttlichkeit erfassen, und wenn wir in dieser ihren Schatz verstehen, dass wir erschaffen können, dass wir wie Gott Dinge hervorbringen, Liebe atmen, Freude sprechen und in unserer Liebe seine Heimat finden.

Wenn wir uns individuell entfalten, durch seine Liebe erweckt, zu unserem wahren Potenzial und in diesem Ausdruck seiner Größe, unsere Herrlichkeit vor Augen, diese hervorbringen, wenn wir es schaffen, die Materie durch unsere Liebe zum Leuchten zu bringen, durch unsere Liebe, die wir einbringen, die wir fließen lassen, dann beginnt sich eine Aura zu bilden und das allseits Hohe in dir wach zu sein.

Wenn sich der Mensch in seiner göttlichen Anlage erkennt, wenn wir aus unserem Herz wirken, Freude, Frieden in die Welt bringen, Liebe, Anteilnahme, Herzlichkeit, schaffen wir Verbindung zum Höchsten, das in uns ist.

Und durch diese Verbindung zum Heiligen, zum Liebevollen, Lichtvollen in uns allen, dem Raum, dem lichtvollen, liebevollen Raum, in dem sich Menschen erkennen, um ihre Seele singen zu sehen, um ihren Geist in Liebe zu erfassen, und wenn wir hier in die höhere Anbindung, Bewusstheit, Reinheit, Klarheit – die höhere Präsenz in Liebe – erachten, ist es unsere Entwicklung zum Ganzen, die uns füreinander einstehen lässt und in diesem Einstehen ein liebevolles Miteinander bereitet. Das uns miteinander glücklich und frei in all unserer Liebe, die wir aus ganzem Herzen füreinander empfinden, sein lässt.

So ist allseits Liebe auf die wunderbarste Art und Weise hier.

21. Tag

Buddha

Aus unserer Liebe erfahren wir Zuspruch für Dinge, die wir in die Welt bringen, für Dinge, die wir in Liebe einbringen, die wir säen in all unserer Liebe.

Wenn wir auf unsere Mitgeschöpfe achten, den anderen so behandeln, wie wir selbst behandelt werden wollen – was offenbart sich vor unserem inneren Auge?

Kann sich Freude in der Welt verbreiten, indem wir besser miteinander umgehen?

Handeln wir aus einer tieferen Erkenntnis der Verbundenheit, Verbrüderung, handeln wir aus dem Bewusstsein, dass, wenn wir auf einer liebevollen Reise miteinander sind, das Glück des einen zu deinem Glück beiträgt? Das Lächeln eines Kindes dein inneres Lächeln hervorbringt?

Die Sterne leuchten in all unserer Liebe, die wir leben. Wenn wir in unserer Unendlichkeit auf die Dinge schauen, die wir vollbringen können, auf den Reichtum, den wir haben, auf die Qualität in uns, dass wir zu weit Höherem geboren sind. Wenn wir uns achten in unserer Liebe, uns ehren und aufsehen zu dem wahrhaft Großem in uns allen, erkennen wir auf unserer Reise deine Entwicklung anhand deiner Entwicklung anderen gegenüber.

Wie wir im täglichen Leben miteinander umgehen und aus einer liebevollen Verbindung zueinander wahrhaft Gutes und Nachhaltiges in die Welt bringen. Was in unserer Liebe wollen wir ernten, was in unserer Liebe säen, um von Glück sprechen zu können?

Wenn wir unser tägliches Leben vor Augen haben, sind wir glücklich, wie wir miteinander umgehen? Singt unser Herz vor Freude, wenn wir den anderen sehen in seiner Liebe, in seiner Bewusstheit? Erfreuen wir uns daran, den anderen in seiner Liebe strahlen zu sehen, und was macht das in all unserer Liebe mit uns? Erhebt es, nehmen wir Anteil, sind wir angehoben, nehmen wir Anteil an dieser Energie? An der Sonne, die aus seinem Herzen in das unsere leuchtet, nehmen wir Anteil an Freude, Frieden, Harmonie?

Nehmen wir Anteil am Glück des anderen, wenn es uns entgegenleuchtet, freuen wir uns daran, dass sein Herz Zugang zur Sonne hat, und ist unsere Sonne gleichsam eine Freude für andere?

Und wenn wir in Herzresonanz miteinander sind, schaffen wir ein Feld der Verbundenheit, Liebevolles, das sich anzieht und sich zu einem großen Ganzen in all unserer Liebe verbindet?

Kosten wir die heiligen Momente dieser Liebe, erinnern wir uns an etwas, das in uns ist. Die heilige Energie des einen, das Portal der Freude, Quellen ihrer Verbindung zueinander, Schönheit, die sich kundtut, Hoffnung und Freude, ein Wohlgefühl kommt selten allein.

Wenn wir die Liebe achten, den Quell unserer Rose, uns an das wahre Göttliche in uns allen erinnern, in unserer Liebe wach sind füreinander, die Schöpfung als liebende Einheit erkennen, unsere Bewusstheit auf das Wohl aller sehen lassen, in diesem Wohl unser eigenes erkennen und darin unsere Wachheit zutage tritt, wenn wir auf das höchste Wohl in unserer Liebe sehen, ist uns bewusst, dass wir Liebe durch unser Herz hervorbringen?

Durch ein Fühlen, das sämtliche Aspekte beachtet, durch ein Sehen, das in seiner Liebe Reinheit erkennt. Durch eine Wahrnehmung, die sich erkennt als liebenden Teil des Ganzen, und durch die Liebe, die unser höheres Bewusstsein in der Welt ist.

In unserer Liebe können wir eine Welt erschaffen, die wir lieben. Die wir hochleben lassen und auf die wir in aller Liebe sehen. Und uns so an unsere wahre innere Größe erinnern, die da ist in unserer Liebe für das wahrhaftige und wirkliche Leben, in unserer Liebe füreinander, für das wahrhaftige und wirkliche Leben.

In unserer wahrhaftigen und wirklichen Liebe ist Leben.

In unserer wahren, reinsten Liebe erheben wir.

Wie wollen wir miteinander umgehen, indem wir in all unserer Liebe ebenjene in die Welt bringen?

Liebe erleuchtet unsere Herzen. Erhebt, heilt und hilft Menschen, ihre Liebe und Potenziale zu entfalten, fördert diese und weist den Menschen die Hoffnung zum lichtvollen, liebevollsten, herzerfüllten und glücklichsten Leben. Es ist die Verbindung mit der Quelle, die dies induziert und wodurch der liebevolle Samen in unserer Liebe füreinander gedeiht.

22. Tag

Durch deinen Reichtum bereicherst
du den Reichtum der Schöpfung

Füreinander Hilfe im Leben sein bedeutet, den anderen in seiner Wahrhaftigkeit zu sehen, ihn zu erfassen, erkennen. Erkennen, was nötig ist, um dem Einzelnen auf seinem Entwicklungsweg zu helfen.

Wenn wir auf die Entwicklung sehen, sehen, wohin wir uns entwickeln, ist es natürlich wichtig zu verstehen, dass wir frei sind, frei in unserer Liebe zu erschaffen, das hervorzubringen, was wir lieben. Auf eine Welt zu sehen, die wir lieben, in unserer Liebe frei zu gestalten und so ein selbstbestimmtes, wahrhaft glückliches, authentisches und auf das allerhöchste Wohl ausgerichtete Leben in Liebe zu zimmern, zu meistern, zu gestalten, damit wir wahrhaft lieben.

Schauen wir unser Leben an, ob wir glücklich sind mit dem, was wir haben, und beachten dabei das allerhöchste Wohl jedes Einzelnen, so sehen wir Möglichkeiten in unserer Liebe, Türen, die aufgehen, Wege, die wir beschreiten können, um unser Potenzial in aller Liebe einfließen zu lassen und damit der Schöpfung etwas zu geben, was unser Geschenk an sie ist.

Wenn wir uns sehen, wie wir aufeinander zugehen, uns achten, wertschätzen, anerkennen als Teil des Ganzen, wenn wir sehen, wie wir einander helfen können, und den anderen in unserer Liebe erfassen, erkennen wir, indem wir hinsehen, die Größe, die wahre Größe des anderen und in diesem Sehen erfassen wir die Weite, Tiefe, erfassen wir das wahre Vermögen jedes Einzelnen und dieses Vermögen ist es, was dir gegeben ist.

In all deiner Würde, Strahlkraft, in all deiner Liebe, die du für dich und andere Lebensformen auf wunderbarste Weise durch dein Licht ins Leben bringst und womit du auf herrlichste Weise dich und andere begeisterst, der Schöpfung dein Geschenk des Lebens darbringst und dein Reichtum die Schöpfung um diesen erweitert.

Wenn wir in Liebe aufeinander zugehen, helfen, ist diese Saat unserer Liebe ein Geschenk für alle, die in Dankbarkeit das Geschenk des Lebens achten.

Daseinsliebe auf die wunderbarste Art und Weise.

23. Tag

Durch deinen Reichtum bereicherst
du den Reichtum der Schöpfung

Die Begeisterung in unserer Liebe fühlen zu können, offenbart uns Möglichkeiten, die wir durch ein höheres Potenzial in all unserer Liebe nutzen können.

Dieses höhere Potenzial, die Liebe in uns allen, offenbart uns Freude, ein gehobenes Gefühl, Vertrauen, Anteilnahme und die Öffnung für eine größere Weite. Durch dieses Sehen öffnen wir uns und andere und durch dieses Einlassen aufeinander entsteht aus unserer Achtung, die wir dem anderen entgegenbringen, ein achtbarer, wunderbarer Kontext der Würdigung.

In der absoluten Liebe, die wir füreinander empfinden, heilen wir, ist unser Körper Klangkörper, ist unsere Liebe Ausdruck, ist unsere Stimme Wort, unsere Seele weit, unser Herz offen, unser Geist rein und unser Leben erfüllt von Freude, die wir uns gewähren, indem wir den anderen achten und so ein Schwingungsfeld der natürlichen Resonanz zueinander herstellen, zu dem wir einzigartige und wundervolle Entsprechungen haben.

Es ist deine Liebe, die dich hebt und andere mit dir, es ist deine Liebe, deine Entsprechung in der Welt, die andere singen lässt.

Es ist deine Liebe, die uns wissen lässt, dass Gott da ist in unserer Liebe, es ist deine Liebe, die uns singen lässt, deine Freude, dein Lachen, deine Zuversicht, deine herzliche Entsprechung, deine Gabe, die durch deine Liebe der Welt überreicht wird.

Du bist das Licht in der Welt, das die Welt erhellt.

24. Tag

Wenn wir die Welt als Quantenraum sehen

... deiner Gedanken, deiner Worte, wenn wir die Welt als liebende Einheit erfassen, von der du Teil bist, wenn wir die Welt in ihrer Liebe sehen, gibt sie: Schönheit, Weite, Raum, Mitgefühl.

Wenn wir die Welt in unserer Liebe erfassen, hinsehen auf unsere Struktur, auf das, was leuchtet in uns, auf das Reine, und dieses Licht sehen, das wir sind, die liebevolle Quelle, Rat, Beistand, Tugend. Wenn wir auf die Welt sehen, in der wir leben, in der wir sind, in der wir unseren liebevollen Ausdruck verkörpern, wenn wir mit unserem Licht in das Licht des anderen leuchten, ihn grüßen, sein Licht anerkennen, würdigen und in dieser Würdigung unser Dank für das Wahre, das wir sehen, enthalten ist – ich grüße dich, ich sehe dich –, in diesem Preisen unser Segen für den anderen ist, wenn wir dieses Preisen der Welt angedeihen lassen, mit wachen Blicken sehen, wirklich hinsehen, mit dem Herz das Ganze erfassen und aus unserer Sicht wie bei einem Mosaikkino die Welt in Würde achten, welchen Eindruck erhalten wir?

Sie ist gesegnet mit unserer Liebe. Sie ist Mutter, zugleich Gebende. Sie ist da, wenn wir schlafen, ruhen, wenn der Himmel uns mit seinen Sternen in ein sanftes Licht bettet und der Mond die Runde mit der Erde dreht und die Lichtermeere heiliger Gestirne gehaltvoll leuchten.

Wenn wir in unserer wahren, reinen, gottgegebenen Natur den Tag beginnen, wenn wir wach sind, in unserer Liebe füreinander den Morgen begrüßen und den Tag willkommen heißen, der uns bereitet ist, erwachen wir im Wunder lichtvoller Sternenmeere, sagenhafter Ausblicke und Augenblicke und endloser Liebe.

Die Erde bietet uns Wunderbares in ihren Sphären, in ihren heiligen Signaturen erwachen wir. Sie bietet uns Heimat, Raum für unsere Entwicklung. Sie bietet uns Raum für unser Erwachen – was brauchen wir, um füreinander wach zu sein?

Wenn wir den Planeten achten, auf dem wir wohnen, uns gegenseitig achten, miteinander eine Welt in Liebe gestalten, in einer Welt leben, die wir lieben – wie wollen wir dann in aller Liebe miteinander umgehen?

Wie wollen wir in Liebe erschaffen? Wollen wir in Freiheit in einer Welt der Liebe leben?

Unsere Herzen in würdevoller Liebe erheben und so zum goldenen Zeitalter unserer Liebe beitragen?

Wenn wir uns Gutes tun, kommt das an. Es nährt das Gute in dir und gibt dem anderen das, was für eine liebevolle Entwicklung benötigt wird.

Wege in unserer wahren, reinen Liebe sind möglich. Wir erheben in unserer Liebe und dieses Erheben wird gesehen, es kommt an beim anderen. Es ist ein würdiger Aspekt des Ganzen, der würdevollen Einheit, in der wir uns befinden.

Wenn wir einander diese Würde zuteil sein lassen, erheben wir uns in die Liebe, aus der wir kommen. Mit unserem Wachsein füreinander beginnen andere, ebenso das Wachsein zu fühlen.

Sie sind im Zustand der gehobenen Stimmung, bewirkt durch dein Wachsein, bewirkt durch das Wachsein in dir. Diese gehobenen Stimmungsmomente stabilisieren sich in deinem Bewusstsein, mit dem du in den Tag gehst.

Mit wachsender Bewusstheit stabilisieren sich höhere Momente deines Glücks, deiner Liebe, deiner Vollkommenheit, die sich in der Welt durch deine Liebe präsentiert.

„Unsere Liebe, die Kraft hat, in unserer Liebe das Herz des anderen zum Schwingen zu bringen."

Dann ist offenbar, dass wir durch vereinte Kraft in vereinter Liebe das weltweite Feld zu heben vermögen.

Dass wir die Kraft haben, in unserer Liebe, in unserer vereinten Liebe das Kollektive all unserer Gedanken in das Feld der Liebe zu heben.

In all unserer Liebe erheben wir und in diesem Erheben singen wir, weil es uns Freude bereitet, den anderen als Teil des großen Ganzen zu erkennen.

Wir sind verbunden, das dürfen wir sehen, und indem wir den anderen achten, würdigen wir uns in unserer Erkenntnis und damit das Göttliche in uns allen. Und sind bereit, in all unserer Liebe Wege des Allerhöchsten zu gehen.

Wir singen in unserer Liebe, weil Gott mit uns im Glück ist.

Wir sind glücklich miteinander.

Wir sind glücklich in unserer Liebe, weil dieses Glück uns allseits auf herrlichste, vollkommenste, wunderbarste, liebevollste, segensreichste und allerschönste Weise erfüllt.

25. Tag

So erheben wir in wahrer Liebe

Die Art und Weise, wie wir im täglichen Leben miteinander umgehen.

Erkennen wir unsere Gabe, wie wir aufeinander wirken?

Erkennen wir die Anlage, die jemand mit ins Leben bringt? Haben wir Einblick in die Geschicke, erleben wir Menschen in der Ausschöpfung ihres Potenzials, wenn sie alles geben und der Himmel sich in seiner Liebe öffnet?

Wann ist die Gabe unserer Kultur reif? Unserer Geschicke, die wir einbringen? Unseres wahren Vermögens, das wir in die Gesellschaft einfließen lassen?

Wann schöpfen wir in Ekstase, weil der Raum sich lichtvoll weitet und der Klang zu vibrieren beginnt?

Wann erlebst du dich total in deiner Schöpfung? Im Aufblühen deiner Gedanken, in der Selbstbestimmtheit deiner Verwirklichung, in der Courage, in der Hinwendung an das Heilige in dir? Wann erfährst du dich im Einklang mit deiner Bestimmung? Wann lebst du dich, bist frei in jedem Augenblick?

Wann erlebst du dich in deiner Liebe, in der Saat des Heiligen, die dich jeden Tag erfrischt? Wann lebst du den individuellen Aspekt des Ganzen und ist es vorhergesehen, dass wir lieben? Das ist deine Bestimmung, das bist du, weil wir lieben. Du erinnerst dich und durch die Erinnerung, die in dir wach ist, siehst du das Wahre in dir leuchten, das dir wirklich aufzeigt, wie großartig du bist, und in dieser Erinnerung deiner wahren Größe ist deine Kraft, die du der Welt mitzuteilen bereit bist.

Es ist die Kraft, die du seit Gezeiten webst, die Kraft der heiligen Richtung in dir, die Kraft deiner Jugendlichkeit und Stärke, mit der du Dinge bewerkstelligst. Es ist deine Jugend, die belebt, dein Esprit, dein Atem, es ist deine Liebe, mit der du Worte wählst, es ist deine Liebe, Hingabe an dich, an das Heilige in uns allen, es ist dein Wesen, deine Natur, deine Erkenntnis im Raum, es ist dein Licht, das anderen in ihrer wahren Liebe ihren Reichtum aufzeigt.

Wenn wir gewissenhaft auf die Welt schauen, erkennen wir, wie wichtig es ist, uns im Licht unserer Liebe, der Kraft unserer vereinten Liebe zu sehen. Wenn wir sehen, hinsehen, und in unserer Wahrhaftigkeit füreinander die Situation segnen, in der wir uns befinden, spüren wir ein Erheben der Energie, weil sich die Quantenfelder ändern und wir einen heiligen Zugang zu uns und anderen haben. Und weil wir darüber hinaus diese Energie des Fließens mit den Heilströmen kombinieren, erheben wir in wahrer Liebe.

Du erlaubst der reinsten Quelle, durch dich zu wirken, und wenn du etwas brauchst, damit du das geschehen lassen kannst, denke an die höchste Liebe und darüber hinaus in der Unendlichkeit deiner Vorstellung an die Auflösung jeglicher Dualität, denn das ist diese Liebe.

Du kannst dir das als Transzendenz mit der höchsten Entsprechung vorstellen. Du kannst dir das vorstellen, wie wenn dein Leib von Liebe erfüllt ist, deine Seele singt, weil sie sich an ihren Ursprung erinnert, wie wenn dein Körper von diesem Licht durchflutet ist, dein Geist im Licht ist, klar erkennt und in diesem Erkennen, dass du du bist, erwachst du auf allerschönste Weise.

26. Tag

Du schaffst einen würdevollen Beitrag

Aus unserer Liebe heraus zu handeln bedingt, selbst in Liebe zu sein.

Sieh die wahren kleinen und großen Geschenke, die wir uns bereiten, die uns erheben, glücklich sein lassen. Die uns erheben in unser Glück. Die uns in all unserer Liebe helfen, ankommen lassen. Geschenke der reinen Liebe. Woher kommen sie, wer gibt sie?

Durch wen inspiriert, durch wen gegeben?

Wenn wir in unserer Achtsamkeit den anderen erkennen, seine Nuancen, seinen Wert, sein Sein mit unserer Liebe erfassen, erhalten wir Einblick in die Dimension des Höheren, Einblick in das Wahre, in das Reine, das hinter den Dingen in all unserer wunderbaren Liebe ist.

Kennst du das Gefühl, vertraut geworden zu sein mit jemandem? Dass wir Stimmungen erkennen, Nuancen, unser Feingefühl erweitern?

Kennst du das Gefühl zu wissen, wie es jemandem geht? Seine Stimmung, sein Klima, seine Welt, in der er lebt, durch liebevolle Verbundenheit fühlen zu können?

Wie können wir Licht füreinander sein, Erkenntnis ins Leben des anderen bringen?

Durch unsere Liebe, durch unser Dasein, durch unser liebevolles Anteilnehmen, das Herz des anderen in liebevollen Rhythmen singen sehen zu wollen.

Manchmal sind es Kleinigkeiten, manchmal Großes, das uns in all unserer Liebe bewegt. Und wenn wir achtsam hinsehen, erkennen wir den Wert der Dinge. Dass wir eintreten für etwas, das uns erhebt, und uns dadurch die Möglichkeit gegeben ist, ein Feld in unserer Würde zu heben.

Wenn wir helfen, Hilfe anbieten im Leben, ist es die Gabe des Einzelnen, deine Gabe, die das Kollektiv hebt.

Es ist dein liebevolles Heben der Energie, dein Vermächtnis, deine Hinterlassenschaft, dein Einbringen, das eine bestehende Struktur auf die Ebene hebt, wo Herzen sich in wahrer, reinster Liebe öffnen.

Du wandelst durch dein Einbringen und trägst zum Geschick, zum versierten und hilfsbereiten Geschick anderer bei.

Und während die Würde auflebt, ist ein Teil in dir wach, die Wege des Herrn zu beschreiten.

Wenn wir in unserer Errungenschaft der Anteilnahme Wege füreinander bereiten, ob wir nun jemandem helfen, dass er besser aussteigen kann, zur Erkenntnis beitragen oder unsere Liebe im täglichen Leben einbringen, wir dürfen erkennen, dass wir es für uns tun, für das Ganze, in dem wir leben.

Für das Ganze, in dem du Hoffnungsträger bist. Wo du durch dein Bewusstsein zum Bewusstsein aller in Liebe beiträgst. Wo dein Einbringen in all unserer Liebe gesehen wird.

Wenn wir das Wahre erkennen, das Wahre in all unserer Liebe im anderen erkennen und in unserer herzvereinten Weise Lebensgrundlage bieten, auf der wir die menschliche Kultur errichten, erfassen wir im klaren Verständnis, wie wertvoll der einzelne Beitrag zum höchsten Wohl aller ist.

27. Tag

Gott ist da in deiner Liebe

Wenn du dich auf deine tiefste Erfahrung einlässt, den Seelengrund deines Wesens erkennst und dir klar darüber bist, worum es dir geht, wenn du in deiner Wahrheit zu dir erkennst, dass du so viel mehr geworden bist, ergeben sich durch dein beherztes, engagiertes Vorangehen Situationen im Leben, die nachwirken, einen tieferen Eindruck hinterlassen und in deiner Seele klingen.

Wenn wir hinschauen, was uns bisher wichtig war, dass wir uns in Liebe erkennen, uns entfalten, unser Seelenvermögen in all unserer Liebe zum Wohl aller einsetzen.

Wenn wir hinschauen, was gegenwärtig wichtig ist, so geht es darum, uns zu erkennen als Teil der Einheit.

Wenn wir hinsehen, was es im gegenwärtigen Leben benötigt, so ist es Achtsamkeit, Liebe, Vertrauen, Hinsehen, wohin wir wachsen können, und in diesem Sehen, Erkennen, Verstehen, dass wir im Hier und Jetzt die Zukunft, die wir wählen, hervorbringen.

In der Liebe zueinander sind wir im Gebet, das Wahrhaftige im anderen erkennen zu können, und durch das Erkennen ist die Tiefe deiner Liebe sichtbar.

Wir dürfen erkennen, dass wir lieben, dass das unsere ureigene Natur ist und wir deshalb füreinander mehr sind als Körperschwingungsmuster, die miteinander interagieren und so Verbindungen herstellen, vom Licht in dir zum erhabensten Licht in uns allen.

Gott ist in deiner Liebe, weil durch diese Liebe eine Resonanz zum Himmel hergestellt ist, du berührst das Licht im anderen, während unsere Herzen miteinander singen.

Wenn du also liebst, bereitest du den Boden für das Neue, setzt den neuen Samen deiner liebevollen Kultur, der an Kraft und Stärke gewinnt, Früchte und Samen hervorbringt und in einer Welt der Liebe gedeiht.

Gott liebt dich!

28. Tag

Liebe ist in uns allen

Du bist ein Brunnen der Liebe.

In unserer Liebe Herzen sprechen zu sehen bedeutet, mit dem Kosmos in Verbindung zu sein.

In dieser Verbindung erkennst du natürlich Situationen, die dem Ganzen zuträglich sind, und so kannst du führen, begleiten, helfen, weil wir durch die Liebe zueinander Dinge erkennen und so zum Bewusstsein anderer beitragen.

Durch die Quellen reiner Liebe geben wir anderen die Möglichkeit, sich an diese Quelle in ihnen zu erinnern, und indem wir ein Herzresonanzfeld der Liebe erzeugen, tragen wir zum Wohlbefinden aller bei und schöpfen so aus der Kraft, die wir alle füreinander haben.

Gefestigt in unserer Liebe füreinander, sind es Ausströmungen deiner Liebe, die uns unsere eigene Schönheit erkennen lassen, während wir Schönheit aus wahrem Herzen bekunden.

29. Tag

In unserer Liebe geben wir

In unserer wahren, reinen Liebe vergeben wir. Unser Licht im Leben erkennen heißt sehen, hinsehen, den Aspekt des einen erfassen, würdigen, achten, ehren. Das Licht im anderen leuchten zu sehen bedeutet, in deiner Liebe zu sein, ein Licht in der Welt zu sein und dadurch Menschen in deinem Umfeld die Möglichkeit zu geben, durch deine Liebe wach miteinander umgehen zu können. Wenn wir auf Aspekte des einen sehen und in der Vielzahl die Menschheit begreifen, erkennen wir in unserer Liebe, erkennen wir in der Vielzahl der Ausdrucksmöglichkeiten den einen, der durch seine Liebe Licht in die Welt bringt. Erkennen wir in unserer Liebe, unserer feinstofflichen Verwebung, wie ein Erheben aus dieser glücklichere Umstände herbeiführt, sofern der Mensch will und in diesem Anheben der Bewusstheit Schöpferaspekte zu klingen beginnen, die uns in Resonanz zu unserer höheren Natur in aller Liebe sein lassen. Würden wir Liebe in der Welt säen, wäre Liebe da und mit ihr eine gesunde Art, wie wir miteinander umgehen. Wir würden leuchten, strahlen und in unserem Licht das Licht im anderen würdigen und in dieser höheren Natur den anderen zu wertschätzen wissen, indem wir sein Licht offenbaren und in diesem seinen wunderbaren Beitrag für das Ganze sehen.

Unsere Körper vitalisieren, pulsieren und bieten dem Körper feinstoffliche Nahrung, der Seele eine Anhebung der Energie, was mit schöneren Ereignissen korrespondiert und dem Geist individuelle Entwicklungspotenziale verschafft, die ihn sein Einssein und dadurch die Matrix des einen in all unserer Liebe zunehmend erkennen lassen.

Wenn wir Liebe in die Welt säen und für die Gaben in Liebe offen sind, so empfangen wir in unserer wahren, reinen Liebe das Höhere, das wir durch unser Einbringen der Welt zur Verfügung stellen. Die Erkenntnisgabe deiner Ahnen, die in deinem Licht die Liebe deiner Herkunft bekunden, eröffnen dir in deinem lichten Vermögen die Herkunftsbreite deiner Kultur, die Verbindung, die wir in Liebe zueinander haben, den Raum für das Heilige, der sich in unserer Liebe öffnet und Licht, Weite, Raum und damit dein Erkenntnispotenzial offenbart.

30. Tag

Was wollen wir in all unserer Liebe vollbringen?

Dich in deiner Verbindung zur Erde erkennen – was bringst du ein?
Was in deiner Reinheit geschieht durch dich?
Was geschieht in deiner Liebe?
Quellen der Liebe öffnen sich, wenn wir ein absolut gepflegtes Miteinander leben oder wenn ich weise Worte wähle, ein gepflegtes Miteinander auf wunderschönste Weise wie bei einem großen Blumenstrauß auskoste – und so das Heilige im anderen würdige, wenn wir das Heilige sehen und in all unserer Liebe füreinander erwachen.

Wenn wir im heiligen Erfassen der Intelligenz in uns allen – sich der Schönheit des Allumfassenden bewusst sein – und durch die Liebe zum anderen den Gabentisch bereiten, wenn wir unsere Quelle füreinander entdecken, die Quelle des ewigen Lebens, wenn wir unsere Unsterblichkeit erkennen und in dieser Würde füreinander den heiligen Raum des anderen erfassen, erinnern wir uns an die Möglichkeit, in unserer Liebe selbst Schöpfer in unserem Leben zu sein, und gehen Wege der Liebe, die mit Vergeben einhergehen, mit Licht-in-die-Welt-Bringen, mit Liebesäen. Gehen wir die Stufen zum Glück, gehen wir hinauf ins Heilige, erfassen wir das Heilige und treten wir ein in das Licht. Manche nennen es Gnade, die dich erfüllt und auf höheren Ebenen regenerieren lässt, während ein Einschwingen auf das Heilige stattfindet und du, auf dein heiliges Vermögen schauend, die Sachlage erkennst. Ankommst in deiner Liebe. Höheres Wissen in unserer Liebe zugänglich ist und wir in diesen Bereichen der reinen Schau, der wahren, reinen Schau anerkennen und in diesen heilen und lesen.

Während wir uns so an das Ganze in unserer Liebe erinnern, tragen wir durch unsere eigene Höherentwicklung zur Höherentwicklung anderer in unserer wahrhaftigen, reinen Liebe füreinander bei. So preisen wir die Welt mit jedem Atemzug und erheben in unserer Liebe füreinander die Herzen und in dieser Liebe sind wir dankbar, tief dankbar, auf herrlichste Weise erfüllt, und sehen das wahre, reine Licht in unserer Liebe wieder leuchten.

31. Tag

Heilige Ordnungen,
die sich durch unsere Liebe offenbaren

Unseren Lebensplan erkennen.

Unsere Reise begann mit wertvoller Absicht und beinhaltet in deiner Umsetzung das Erkenntnispotenzial, das wir in Liebe einbringen. Aus den heiligen Quellen in all unserer Liebe zu schöpfen bedeutet, im harmonischen Einklang mit uns selbst und unserer Umwelt zu sein.

Unseren Lebensplan in Liebe zu erkennen bedeutet, harmonische Frequenzen, Töne, Klänge, Wellen, Bewegung gegenüber dem heiligsten Vermögen, das in dir ist, in der Gegenüberstellung zu erkennen und in der Ausrichtung auf das Ganze.

Dein lichtvoller Beitrag, der uns alle erhebt, der Licht, Liebe, Klarheit in die Welt bringt. Dein lichtvoller Beitrag, der erhebt, der Herzen und alle miteinander singen lässt. Der das Wohl der Mitmenschen vor Augen hat, die Natur in ihrem Gleichgewicht beachtet und von einem Universum ausgeht, das belebt ist, in dem die Liebe zueinander offenbar, in dem die Liebe zueinander durch Evolutionsschritte erkannt ist und neue Ordnungen an allen Orten der Welt entstehen lässt.

Es ist dieser gewissenhafte Beitrag, der Harmonie ins Leben bringt, Freude, Hoffnung, Zuversicht. Der Herzen erhebt, eine Kerze entzündet und ein Lichtermeer erhellt. Der den Resonanzraum für den Frieden schafft und den Boden für die Liebe bereitet. Der zum Erheben aller beiträgt, in goldener Schrift von deiner Seele unterzeichnet und von Gott in seiner Liebe mit Leben versehen.

32. Tag

Unser Resonanzraum als Spiegel der Schöpfung

Was bringen wir in unserer Liebe hervor? In unserer Liebe zueinander gestalten wir.

Unser Licht in der Welt gespiegelt zu sehen als Ausdruck unseres wunderbaren Vermögens, erinnert uns an dieses wahrhaftige Ausdrucksvermögen.

Was sehen wir im Spiegel der Schöpfung, in den wir in reiner Liebe blicken?

Dein Licht in der Welt gespiegelt zu sehen in der Offenbarung deiner Herrlichkeit, die du erfährst, deiner Gedanken, in der Reinheit dieser, die du in aller Liebe verwirklichst, offenbart dir reine, wahrhaftige Liebe, die du in all deiner Gestaltungskraft aufblühen siehst.

Danke für all die Liebe, die wir von der Quelle in die Welt fließen lassen und mit der wir die Welt in unserer Liebe erheben.

Die Lösung ist Liebe, Liebe, sie darf gesehen werden, auch im Spiegel.

Was zeigt dir die Welt?

Sei dir sicher, du hast gesät.

Diese Liebe füreinander zu fühlen wie eine Sonne, die wir ins Leben bringen, lässt uns unser Dasein aufs Wunderbarste sehen und in unserer Liebe begreifen wir, wie sehr uns ein liebevoller Umgang erhebt und unser Segen füreinander in dieser Liebe bereitet ist.

Wenn wir die Welt in Vielfalt achten und die Vielfalt unser Vermögen entzückt, wenn wir so reich gesegnet den Artenreichtum betrachten und staunend dankbar der Schöpfung gegenüberstehen, die wir mit liebevollem Atem preisen, so setzt die Welt an, die du mit wachem, reinem Herzen anblickst, in deinen liebevollen Ton einzustimmen, so setzt die Welt an, in deiner Liebe im Spiegel mit dir zu singen.

Wenn wir der Schöpfung dankbar sind, in dieser miteinander leben und dieses kostbare Wunder in den Ursprüngen verstehen, so erkennen wir, wie der liebevolle Atem Welten in unserer Liebe zu erzeugen vermag.

So erkennen wir im Ausatmen Lebensatem, Odem, heiliges Elixier, das in deiner Reinheit Leben zu geben vermag. Und in deinem Einatmen den Bund des Lebens mit der heiligen Quelle der Erneuerung, mit der Quelle reinster Liebe und reinsten Lebens, die dich erfüllt und uns aufs Wunderbarste, Allerschönste und Herrlichste, auf wundersame Art und Weise den Stoff des Lebens, den Lebensatem, atmen lässt.

Als Schöpfer unseres Lebens schauen wir auf die Schöpfung und gleichzeitig blickt uns die Schöpfung an – was können wir anderes tun, als in unserer Liebe diese Schöpfung von ganzem, reinem und erfülltem Herzen zu feiern?

Die Schöpfung ist uns wohlgesinnt.

33. Tag

Wir dürfen wach füreinander sein

Wenn wir unser höchstes Bewusstsein erlangen, mit dem Höchsten in uns selbst in Verbindung sind, sehen wir die Wunder im täglichen Leben, erkennen wir uns im anderen, erkennen wir das Göttliche in jedem, erkennen wir aus unserer Einheit mit dem Ganzen die Einheit, in der wir uns befinden? Die Einheit, aus der wir schaffen, die Einheit, aus der wir vollbringen in unserer Liebe, erkennen wir in unserer Größe, wie wunderbar wir sind, wie unser Beitrag andere erhebt?

Wie wir durch das, was wir sind, lieben, wie sich Liebe offenbart und in all unserer Herrlichkeit singt, klingt, in all unserer Herrlichkeit offenbar ist?

Sehen wir, wie wir Wunder schaffen durch unsere Liebe?

Sehen wir den Atem unserer Liebe, unser Lachen, unser Strahlen, Freuen, sehen wir, wie wir leuchten, wenn wir lachen und durch dieses Leuchten Licht in die Welt bringen?

Sehen wir unseren herrlichen Ausdruck, unsere Göttlichkeit, mit der wir singen, sehen wir unsere Liebe, die wir investieren, um Herzen zum Klingen, Vibrieren, Schwingen zu bringen?

Sehen wir die Resonanz eines heiligen Miteinanders, eines heiligen Resonanzraumes, indem wir, auf das Höchste eingestimmt, segnen, heilen, da sind füreinander?

Sehen wir das Heilige, dass wir aus unserer Manifestation Glück hervorbringen, aus unserem Reichtum Reichtum in die Welt bringen?

Sehen wir, dass wir können, erinnern wir uns, erinnerst du dich und andere an das Wahre, an das Kostbare in dir, erinnerst du dich an das Wahre, an Wunder, die geschehen, wenn du in deiner Liebe bist?

Wie plötzlich andere in ihrer Liebe sein können, weil du ihnen Raum gibst, Resonanz, Spiegel, eine wunderbare Zeit, weil du ihnen Raum gibst, wo sie sich öffnen können in ihre Herrlichkeit, in ihre Grenzenlosigkeit hinein, wo du ihnen zeigst durch dein Dasein, durch deine Pulsation, dass Liebe möglich ist.

Durch dein Ruhen bei dir im Schoß des Heiligen, im Licht des einen, in der heiligen Quelle der Erneuerung. Durch deine Verbindung mit dir, durch dein Konzentriertsein gibst du anderen in ihrer Liebe Raum, ebenso bei sich zu sein. Durch deine Ausrichtung auf das Höchste in dir, auf deine Herrlichkeit, auf dein Vorangehen, schauen andere ebenso auf ihr wunderbares Dasein, das sie erfreut, auf ihr Geschick, auf ihr Vermögen, das sie einbringen, damit wir uns gemeinsam erheben in Liebe und erkennen, dass wir Anteil haben, dass wir in unserer Liebe Teile voneinander sind, indem wir uns wachbewussten Herzens fragen, was wir vollbringen wollen, das allerhöchste Wohl vor Augen. Und es ist Freude, die ich sehe, wach sein füreinander, da sein, helfen, Liebe, sich einbringen, ein Talent erkennen, sehen, fördern, all das Wunderbare trägt zum Erheben aller bei.

Wenn wir uns fragen, was wir vollbringen können, so sind es viele kleine und große Dinge im täglichen Leben, vor allem Freude an den Dingen des täglichen Lebens und Wohlwollen, das wir uns geben.

Es sind die Aufmerksamkeiten, die wir uns schenken, das tägliche Glück, Frieden, der durch unsere Bereitschaft, in Frieden zu sein, da ist. Die Pflanze der Ehrlichkeit, die wir gedeihen lassen, die Sonne der Wonne, die wir spüren, Hingabe der Freude, entspannen, wohlfühlen, genießen.

Wenn wir in die Himmel sehen, erzielen wir Resonanzen. Und diese Himmel beginnen, mit uns im Einklang zu schwingen.

Form, Wert, Kontinuität annehmen und durch unser Säen von Glück, Freude, Frieden ist das Heilige im täglichen Leben mitten unter uns. Erfreut Herzen und ein kontinuierlicher Aufbau hin zu Gutem, das alles umfasst, erklärt sich durch unsere liebevolle Bereitschaft, den Kern des Guten im täglichen Leben wahrzunehmen, aufzunehmen, ihn zu pflanzen und so Wege der Liebe in all unserer Freude miteinander zu gehen.

Wege, die uns so erfreuen, von Herzen lachen lassen, Wege der Dankbarkeit, des Glücks, des Annehmens, dass Frieden in unserer Liebe und ein Geschenk für uns alle in einer heiligen Zeit ist, vorbereitet und sichtbar, für jeden erlebbar.

Weil wir durch unsere heilige Kommunikation miteinander unser wahres Wesen erkannten und aus dem Heiligen, das wir alle haben, begriffen wir, dass wir in der Verbindung zueinander sehr viel Schöneres vollbringen können.

So haben wir die Verbindung zunehmend verstanden und erschaffen aus unserer Liebe Wunderbares, das uns alle aufs Reichste und Herzlichste in all unserer Liebe erfreut.

Wir sind uns darüber im Klaren, dass jeder diese Fähigkeit in sich trägt, Schöpfer seines Lebens sein zu können, und in der kollektiven Ausrichtung auf konstruktive Ziele ein Anheben der Bewusstheit weltweit stattfindet, wir deshalb sehr viel besser als bisher miteinander umgehen und in diesem Umgang unsere Liebe füreinander Ausdruck findet.

Und ein hohes Bewusstsein in aller Liebe küsst die Erde und sagt zu uns: „Wach auf in deiner Liebe, sieh die Belange von allen, sei wach in deiner Liebe, bring Wunderbares hervor, sieh, wie du es schaffst, durch dein Bewusstsein die Welt zu heben, die Welt in eine Zukunft zu führen, die es wert ist zu leben. Sieh, wie durch deinen Beitrag wunderbare Dinge entstanden sind, und sieh, wie dein Herz singt in deiner Freude und wie Menschen mit dir sind und ebenso das Ganze."

Wenn wir so wachbewusst miteinander umgehen, erheben wir und es bereitet uns und denen, die diese Wachheit täglich aufs Neue erfahren, stetig Freude.

Lasst uns wach füreinander sein in unserer Liebe, unsere Herzen zum Himmel erheben und Gott danken für das Leben, das wir haben.

So möge in all unserer Liebe Frieden und unsere Liebe füreinander jetzt sichtbar sein.

34. Tag

Du kommst an in deiner Liebe

Deine Gestaltungskraft ausloten, wie tief reicht dein Bewusstsein?

Wie tief schaust du in deiner Liebe, reichst du heran an den Himmel in dir? An das Wahre, Kostbare?

Sinkst du in deinem Bewusstsein auf den Grund deiner Tiefe, erkennst du im Werden Liebe, Glückseligkeit, die du bist?

Wenn wir in uns hineinhören, dem Seelenklang lauschen, die Herzen sehen, Pfade wahrnehmen, Töne im heiligen Klang erkennen, stellt sich die Frage: „Wohin gehen wir, wo kommen wir an?“

Wohin wir gehen: in die Wahrheit, ins Leben.

Wo kommen wir an: bei dir in deiner Liebe.

Die Reinheit in sich ist grenzenloses Verstehen, Würde, Reinheit in Form der Glückseligkeit. Du gehst auf in ihr, entfaltest dich, sie ist dein Schatz, den du in dir trägst.

Sie ist das, was du bist in deinem Kern, in all deinen täglichen Begegnungen.

Sie ist das Leuchtende in uns allen, das Strahlende, die Herrlichkeit. Sie ist die Weite, die dir Raum gibt, das Blühende, das dir Kraft verleiht. Der Zauber, der dir innewohnt. Quelle deiner Seligkeit, deiner Ahnen, die du liebevoll aus deiner Quelle, aus deinem erweiterten Bewusstsein ins Meer des Bewusstseins für das Ganze einfließen lässt. Du bringst dich ein in deiner Liebe.

Bewusstseinsströmungen in aller Liebe entstehen, die Menschen erheben, und natürlich können wir in all unserer Liebe dazu beitragen, empfänglich für die Liebe unserer Nächsten zu sein, weil sie das Wahre sehen in uns, das Gute, Reine, und indem wir uns in unserer Liebe öffnen für das Heilige, das in unserer Liebe zu uns fließt, erheben wir das Licht in uns und durch das Erheben und durch die Liebe gewähren wir uns eine heilvolle Fürsorge, die wir uns durch unsere Innenschau in all unserer Liebe erwerben.

35. Tag

Wenn die Sonne in dir leuchtet

Wenn du vermehrt mit Licht, Liebe arbeitest, geschieht etwas in dir, das man Aufhellen, In-einer-höheren-Schwingung-Sein, das man Erfolge der Transzendenz nennen kann. Wie die Frucht reift durch die Sonne, so reifst du in deine Wirklichkeit, deine wahre Größe hinein.

Es ist ein Wachsein, wach gegenüber Situationen, ausgeschlafen, ein Wachsein, das oszilliert in den schönsten, höchsten Tönen.

Es ist ein Wachsein der Freude gegenüber, ein Wachsein dem Augenblick gegenüber, in dem du bist, ein Wachsein gegenüber Natur, Kultur, ein Wachsein gegenüber Nationalitäten, du erkennst ihre Charaktermerkmale. Du bist wacher, freier, bewusster, dadurch ist ein besserer Zugang zueinander möglich. Ein bewussterer Austausch möglich.

In diesen Bereichen der Freude erlebst du Zustimmung, Heimat, Ankommen. Es ist wie bei einer Fahrt, langen Reise, du kommst an. Dieses Ankommen beinhaltet Freude, Dankbarkeit, ein friedliches Gespür für Dinge, Fröhlichkeit, Wohlwollen, Frieden, alles Aspekte deiner Liebe, die reifen.

Das Selige, das ich spüre, wie bei einem Bad, das wir genießen. Bei einem Spaziergang, den wir in heiterer Freude, Gelassenheit und mit Dankbarkeit für den Moment kosten. Wie bei einer Bergsicht, wo wir die Weite, den Ausblick genießen. Das Erhabene, Wunderbare atmen.

Und die Atmosphäre Lichte, Weite, Raum, in dem wir uns ausdehnen, bietet. Wie bei einem Segelturn, Paragleiten, wo die Luft uns trägt und wir die Freiheit atmen. Wir uns an das Große erinnern und dankbar für die Welt sind, die sich auftut. Dankbar sind, in unserer Liebe anzukommen.

Dankbarkeit dafür, in unserer Liebe anzukommen, öffnet uns für das Wahre in uns, das, was wir verbergen. Das Heilige, das, was du hier siehst. Das Heilige in dir, mir, in uns allen öffnet dich für die Möglichkeit, frei in deiner Liebe Mittel, Helfer, deine Vision für die Wirklichkeit zu realisieren. Wenn wir unsere Vision in den Tag stellen, zur Wirklichkeit erheben, ist es Energie, die einhergeht, Überzeugung, Traum, Vision, Vorstellung, Erweiterung meiner Grenzen, die ich mir selbst auferlegte – Realisierung, Umsetzung. Die Auseinandersetzung mit dir, schöpfen können als Schöpfer auf der Reise, was vollbringen wir, Vertrauen, Gewissenhaftigkeit, Verantwortung, haben wir den Mut, unsere Vision ins Leben zu bringen, haben wir den Mut, Selbstvertrauen, unsere Schöpfervision in aller Liebe leben zu lassen?

Hat unser Handeln Auswirkungen auf andere und wie können wir unsere Vision realisieren in der höchsten Freude, sodass höchste Töne auf allen Ebenen erklingen?

36. Tag

Du gibst es dir

Unser höchstes Potenzial – in all unserer Größe erschaffen.

Wenn wir Höchstes vollbringen, mit dem Höchsten in Einklang sind, inspiriert sind, vom Geist des Höchsten erfüllt, ist es lichte Gabe, die wir spenden. Schrift, die inspiriert, Worte, die klingen, Wohlklang, im Himmel erklingen – Himmlisches, das wach ist in dir. Samen himmlischer Klänge, die dir Türen öffnen, in den Weiten unserer Ewigkeit, in der Tiefe unseres Lichts, das wir in die Welt bringen.

Wo du aus der Tiefe deines Seins Licht in die Welt bringst.

Wie du Gottes Kind mit hellen Gaben, lichtem Bilde deiner Werke, die Schönheit ruhend, erblickst.

Wie der Worte Zier – Kunstwerk deiner Schöpfung –, die Gabe ruhend, auf höchster Stufe in der Liebe, deine Gabe Wortkleid, Licht im einen, Liebe hebt. Deine Gabe ahnen, Bereitschaft und im Fluss, Herrlichkeit erfühlen, dein Herzkleid öffnet, Tor zum Himmel wohlbenannt, Türen deiner lichten Gabe, Geist des einen in unserer Liebe Treu und Pfand, so bin ich hier in meiner Liebe, Wort um Wort, die Augen klar. So bin ich hier in meiner Liebe und bringe diese Botschaft dar: Gott, der eine, Kind der Freude, ein Schaukelspiel, Kind der Freude, Rummelplatz, Kind der Freude im Gesichte, was öffnet ihn in seiner Gunst, dass wir uns Segen spenden?

Das Schöne sehen und Herzen singen, Wohlklang in der Freude, sollen wir ihm Gaben bringen?

Du gibst es dir in deiner Liebe wohlbekannt. Du gibst es dem Nächsten in die gute Hand.

Du gibst es dir in Freude und siehst das Lachen frei, in deinem Herzen ist es einerlei.

Du gibst es dir, du gibst es dir in deiner Freude, in deiner Not sie öffnet.

Du gibst es dir, Herzensgabe, Tor der Hoffnung, Du gibst es dir, Hoffnung wohlbekannt.

Du gibst es dir in deiner Freude, die Herzen sehen und Liebe fließt.

Du gibst es dir in deiner Freude und der Segen fließt, er öffnet rein.

Du gibst es dir in deiner Freude, wie schön ist's, wenn wir geben, wir kommen an und geben Heim.

Wenn wir ankommen, freuen wir uns des Lichts, und wenn wir geben, sehen wir Licht. So ist unsere Saat der Liebe, ein Korn der Hoffnung, das auf bestelltem Boden die Reinheit in sich trägt, die wir ihr in unserer Liebe gaben.

So bist du die Liebe und mit ihr in all unserer Liebe das Leben.

So geben wir in unserer Liebe den Segen, durch den wir in all unserer Liebe erheben.

37. Tag

Das heilige Zeitalter

Es geht darum, dass wir uns in unserer Liebe selbst erkennen, dass wir uns in unserer wahren, reinen Liebe füreinander selbst erkennen und in diesem Licht der Erkenntnis das wahre Wunder in unserer Liebe füreinander sichtbar ist.

Warum sprechen uns Wesen an?

Warum sprechen uns in unserer Liebe Wesen an, die in ihrer Reinheit Himmlisches in uns zum Klingen bringen, die uns staunen lassen? Wie wenn die Türe licht geöffnet ist und wir Einblick nehmen dürfen in das Wahre, vollkommen Wahrhaftige, das wir mit klaren, reinen Sinnen erfassen.

Wenn wir diese Schönheit erfassen, die innere Resonanz wahrnehmen und dieses Geschöpf eine Erinnerung vor Augen führt, die uns wach sein lässt für das Hohe, Helle, das uns durch unsere innere Ruhe an unseren gekonnten, fabelhaften Ausdruck erinnert.

Durch diese Erinnerung wachgerufen, sehen wir eine Welt, die durch innere Achtsamkeit, durch einige Minuten auf der Bank beim Warten auf den Bus hervorgerufen, die Aufmerksamkeit auf das Höhere im Leben lenkt.

Das Höhere, dessen wir gewahr sind in jedem Augenblick. Indem wir mit bewussten Sinnen die Welt erfassen. Indem wir hinsehen, was in unserer Liebe nötig ist, um wach füreinander zu sein.

Wach füreinander in unserer Liebe, indem wir die Schönheit des anderen sehen. Seine Welt mit wachen Sinnen erfassen und so unser Bewusstsein heben, wo es vom Licht der Liebe aufgenommen und in dieser höheren Ebene vom Bewusstsein des einen, vom Licht seiner Liebe erfüllt ist und dadurch in den Lichtsphären seiner Heimat Lichtreichtum und Individuum in einem ist.

Wenn wir auf das höchste Wohl in uns allen sehen, wird uns zunehmend bewusst, wie sehr wir durch unser Licht, das wir in die Welt bringen, zum Licht anderer in ihrer Liebe beitragen und dadurch Liebe säen, liebevolle Basis bilden, die durch unser konsequentes Handeln Stufe um Stufe neue, bessere Bedingungen für alle schafft.

Und indem wir uns einbringen – die Herzen aller vor Augen – mit dem Wissen, dass der andere ein Teil von mir ist und, wenn ich mich einbringe, es ihm und mir besser geht.

Und die Menschheit erwacht aus ihrem Traum, den sie träumte, als sie dachte, wir wären getrennt voneinander, mit dem Wissen, dass wir Teile voneinander sind.

Und mit diesem Wissen in Liebe ist ein Aufblühen, der Beginn des goldenen Zeitalters vollendet.

Wir sind wach füreinander und in diesem Ausdruck Liebe zeigt sich unser Bewusstsein, das wir füreinander in all unserer Liebe erworben haben.

Das goldene Zeitalter ist Ausdruck deiner Liebe für dich und deine Nächsten, deiner Liebe, mit der du die Welt segnest, deiner Liebe, in der du erwachst.

Und in dieser Liebe segnen wir, heilen und helfen und leben in einer Welt der Liebe.

38. Tag

So sind wir frei in all unserer Liebe

Wie wir die Welt in unserer Liebe gestalten.

Der Samen Energieträger deiner Schöpfung, Gedanke deiner Schöpfung, die rein, klar ist, Gefühle, die in deiner Liebe fließen.

Du bringst die Schöpfung hervor aus dir.

Es sind die Gedanken der Liebe, die wir hervorbringen, die uns erheben, Licht, das wir durch unsere Liebe in der Welt säen, natürliche Gefühle zu dieser Liebe sind: Hinwendung, Dankbarkeit, Wohlwollen, Frieden – ein Gefühl der Verbundenheit.

In der natürlichen Verbindung, die wir zueinander haben, ein Gefühl, das in unserer Liebe, die wir füreinander haben, Freiheit ist.

Sie lässt dich, achtet, gibt dir den Raum für deine freie Entwicklung. Achtet dich in deiner Vollkommenheit, gibt dir Raum, den liebevollen Reichtum in dir zu erweitern.

Wenn wir von Liebe sprechen, ist es der Samen, den wir geben: Aufmerksamkeit, Wohlwollen, Frieden in der Art und Weise unseres Umgangs, Wertschätzung, weil wir uns bemühen, das Licht im anderen zumindest im Ansatz erkennen zu können.

Diese Gabe unseres Sehens wächst mit unserer Hingabe! Wenn wir uns Kindern zuwenden in ihrem vergnügten Spiel, Lachen, in ihrer Freude und Vergnügtheit, die sie miteinander teilen, wenn wir ihnen Raum geben, Freude entfalten zu können, in diesem Wohlwollen unserer Freude für sie die Freiheit gesunden Fußes Schritt hält und wir in der Liebe der Schöpfung gegenüber unser Herz öffnen für den Raum, ist in dieser liebevollen Weite unser Segen, den wir in liebevoller Größe und mit wachen Augen des Herzens in unserer Liebe füreinander haben, und damit eine liebevolle Sicht durch unsere Herzöffnung in all unserer Liebe gewährleistet.

Die heilige Quelle in dir ermöglicht es dir, „dich zu haben“, dich orientieren zu können, den Kompass in deinem Leben eingenordet zu wissen, Zugang zu dir selbst zu haben in all deiner Liebe, die du für dich empfindest, und damit Zugang zum anderen in dieser Liebe, die durch alle Gezeiten Wegbereiterin war, um dich jetzt an deine Heiligkeit in dir zu erinnern. Und indem wir uns erinnern, dass wir zu allen Zeiten Liebe säten, und wir diese Liebe durch unser geöffnetes Herz erfassen, fällt das Öffnen in Liebe leichter, an ruhigen Plätzen, an denen wir uns ganz bewusst dem inneren Licht zuwenden.

Und durch dieses Zuwenden wächst das Licht in uns und wir finden durch das Licht, das uns umgibt, einen heiligen, geschützten Raum vor, in dem wir unser Herz öffnen und erfassen, Liebe fühlen können für unsere Kinder, Mitgeschöpfe, für alles Lebende, was ist.

Die Verbindung zur Natur fühlen, die Verbindung zu uns selbst, was uns wichtig ist, wofür wir einstehen im Leben, wofür wir leben, wofür wir unser Licht einsetzen, um unseren Traum, unsere Realität in all unserer Liebe und damit zum allerhöchsten Wohl von uns allen in die Welt zu bringen.

Indem wir den liebevollen Kontext zueinander haben, die Verbindung im Leben sehen, die liebevolle Art und Weise, dass wir uns frei sein lassen, freilassen in unserer Liebe füreinander, gestalten wir wunderbare Welten – freilassen in unserer Liebe füreinander und so das Herz im anderen singen sehen.

Indem wir diese Kostbarkeit in all unserer Liebe erkennen, indem wir unsere eigene Verbundenheit in all unserer Liebe erfassen, erlauben wir uns selbst, frei zu sein vor Gott, der uns liebt, und seine Freiheit mit ihm zu teilen. Erlauben wir, diese Liebe, die wir erfahren, zu genießen.

Uns in dieser Freiheit geliebt zu wissen. Erlauben wir es uns, als Kind seiner Liebe in dieser zu wachsen.

Erlauben wir es uns, als Kind der Liebe, so kamen wir auf die Welt, Freiheit zu schenken, die wir dem anderen geben, weil wir lieben.

Erlauben wir uns, dass wir frei sind in unserer Liebe, die durch uns hindurchfließt, und diese Freiheit zum Wohl von uns allen in all unserer Würde, zum allerhöchsten Wohl des Ganzen in Liebe zu schenken.

Wir gestalten durch unsere Liebe und bringen durch unsere Liebe Liebe in der Welt hervor. So sind wir Zeuge unserer Liebe in der Welt, Zeuge unserer Achtung, Zeuge unseres Mitgefühls, Zeuge unserer Wertschätzung und in unserer Vergebung, in unserer Liebe für das Ganze Zeuge für unsere Liebe, die wir zum höchsten Wohle aller säen.

39. Tag

Du bist ein freier Schöpfer

Du bist frei in deiner Liebe.

Wenn wir aus unserer Liebe erschaffen, sehen wir das Licht im anderen und auch unser eigenes, das in Liebe ist.

Dieses Sehen im Licht des einen, durch deine Liebe bist du frei, öffnest freie Pfade und diese freien Pfade sind von all deiner Liebe erfüllt. Du bist in deiner Liebe frei, Dinge kristallklar zu erkennen.

Deine Aura ist erweitert. Du nimmst klarer wahr. Du bist frei, in Liebe zu gestalten.

Erschaffst in deiner wahrhaft reinen Liebe und bringst Wunder in all deiner Liebe hervor.

„Himmel der Freude" – um es dir vorzustellen.

Du bist frei in all deiner Liebe.

Du bist ein freier Schöpfer.

40. Tag

Wie wir die Welt, in der wir leben, wahrlich lieben

Lasst uns aufsteigen – lasst uns einander erheben.

Diese Welt ist da, in dir, existiert, und indem du deine Aufmerksamkeit auf Schönes im Leben richtest, ist diese Welt für dich greifbar. Sie ist so nah wie die Hand vor deinen Augen.

Und was von dir benötigt wird, ist deine wahre Liebe, diese Welt in all ihrer Schönheit, in all ihrer Herrlichkeit für dich und weitere zu erfassen.

Die Welt der Schönheit existiert in dir. Diese schöne Welt ist in dir, du siehst sie jeden Tag.

Wenn wir unsere Aufmerksamkeit auf Schönes richten, wohin fließt Energie?

Wenn wir auf Schönes konzentriert sind, fließt Schönes in unserer Liebe?

Fließt Glück, Freude, fließt unsere Liebe zu den schönen Dingen?

Wohin fließt unsere Lebensenergie?

Angenommen, wir konzentrieren sie auf Frieden, Freude, Lachen, Leichtigkeit, Wohlwollen, wir geben dem anderen ein Zeichen für den Frieden mit ihm, geben uns die Hand, freuen uns auf das sichtbare Zeichen der Liebe: „Ich bin im Frieden mit dir.“

Du kannst direkt fragen: „Sind wir im Frieden?“, und wenn beide „Ja“ antworten, könnt ihr euch die Hand reichen und dieser Handlung, diesem heiligen Akt dadurch den Segen geben und Frieden und Hingabe bewirken.

Du merkst das am Feld, es fühlt sich freier an, weil ich freilasse, freigebe und in diesem Geben mein Segen ist.

Indem wir uns hingeben an das Heilige, uns selbst verzeihen für Fehler, die wir begangen haben, und indem wir den Beitrag des anderen auf seinem Weg zum Licht sehen, diese Gnade füreinander aussprechen, bewirken wir Frieden in unserem Leben.

Und die Sicht, die nun frei von Verzerrungen und Zerrbildern ist, liefert mir womöglich freie Sicht auf Dinge, die ich jetzt erkenne.

Bin ich hier in meiner Liebe dem anderen gegenüber, sehe ich das

Schöne. Sehe ich sein Licht, das sich nun durch die Aufhellung wie eine Knospe in unserer Liebe öffnet, weil wir Licht säen, die Liebe für den anderen kundtun.

Ich sehe dich, und auch wenn du das Licht im anderen nicht siehst, weißt du, dass es da ist, und dieses Wissen genügt, es reicht aus, um aus deiner Liebe zu geben.

Heilige Brücken bilden.

Und indem wir selbst in Liebe unser Licht in der heiligsten Verbindung füreinander fließen sehen – es kann durchaus sein, dass dieses Fluidum fließt und fließt und man denkt: „Kommt das an beim anderen?" –, ist es wichtig für dich, Liebe zu säen und durch diesen Fluss der Energie das Wahre zu sehen.

So siehst du in deiner Verbindung zum Licht in uns allen die Welt, in der sich der andere befindet, und trägst durch dein Bewusstsein zur Anhebung der Bewusstheit beim anderen bei.

Und durch die Höherschwingung, durch die Anhebung der Energie, durch Segnen, durch die Hinwendung zum heiligen Beten und die bewusste Ausrichtung auf das Gute im anderen erreichst du, dass Augen leuchten, respektive zu leuchten beginnen, Seelen strahlen und der Geist sich auf Höheres im Leben ausrichtet.

Unser Resonanzfeld, der Körper, zieht Liebe an in seiner Liebe. In dieser Liebe erkennen wir Licht im anderen, erkennen wir Licht und alles Gute im anderen. In dieser Liebe sehen wir den Aspekt Gottes, den der andere in seiner Liebe hegt. Und wir könnten durchaus das Feld der Liebe sehen, das Feld des einen, der in uns ist und Liebe in unserer Liebe fließen lässt, von deinem Licht in deiner Liebe zu meinem Licht in meiner Liebe.

Wenn wir diese Schwingung erfahren, dieses hohe Licht in uns allen, ist es an uns, Liebe im täglichen Leben fließen zu lassen.

Urbild der Entsprechung, vor Gott gleich.

Liebe im täglichen Leben zu säen, erhebt dich – andere.

In deiner Liebe erhebst du dich, mir kommt da ein Bild einer Apparatur, wo ein Abnehmer, der hochfährt, sich mit dem Spannungskabel verbindet und so Energie weiterleiten kann, vom Starkstrom heruntertransformiert in das jeweils Benötigte.

Wenn wir also aufstehen, uns mit dem Licht in uns verbinden und uns das im Leben geben, was wir können, ist Frieden da, und weil das Licht in uns allen ist, dürfen wir den anderen in seinem Licht sehen, so seine Welt womöglich heller machen und dabei wissen, dass du die

Quelle bist. Du Samen der Liebe anpflanzt. Du weißt, dass du sehr Schönes gesät hast, deine Liebe auf dem reifen Boden Früchte hervorbringt und du dich nun noch auf die reiche Ernte deiner himmlischen Saat aus ganzem Herzen freust.

Und mit deiner Freude in der Resonanz bist du mit der Freude anderer und durch deine Liebe, die du säst, in Resonanz mit Höherem und öffnest dadurch Himmelstüren. Und dieses Licht sehen Menschen, weil der göttliche Teil in ihnen das Licht im anderen zu erkennen vermag.

41. Tag

In unserer Hinwendung dem Ganzen gegenüber erfahren wir Liebe, Wohlwollen, Frieden

Situationen in Liebe erfassen bedeutet: Sein Herz im gegenwärtigen Augenblick offen halten zu können und dadurch mit der Sicht der Liebe auf die Dinge zu schauen. Gott hat vor, dir in deiner Freiheit Flügel zu geben, dich wach sein zu lassen für den Augenblick und dir durch deine Liebe zu vermitteln, dass Liebe in jedem kostbaren Augenblick ist, in jeder heiligen Hinwendung zum Ganzen.

Gott ist der Aspekt der Liebe in uns allen, und indem wir uns öffnen, dieser Liebe Raum geben, öffnen wir uns für das heilige Licht, das durch die Hinwendung zum Heiligen die Resonanz in sich trägt, die wir als Fließen auffassen, und durch dieses Fließen harmonischer Kräfte ist ein Fluktuationsstau behoben.

Es gibt Beispiele im Körper, wo die Energie fließt. Wie durch ein schnelleres Fließen eine höhere Stabilität erzielt werden kann.

Wie wir durch ein Fließen zur Harmonie beitragen und wie Staus durch ein Weitergehen unsererseits behoben werden können. Das setzt natürlich Vertrauen voraus, dass das Leben in unserer Liebe fließt, in unserer Liebe harmonische Kräfte mit uns sind, wir in unserer Liebe Verbundenheit erfahren, Gott im Rhythmus unserer Liebe mit uns schwingt.

Ich habe eine Vielzahl solcher Situationen hinter mir und es ging weiter. So ein Vertrauen kann bestärken, dass es weitergeht in unserer Liebe und wir in unserer Liebe Licht in die Welt bringen.

Und wir durch die Liebe, die wir haben, eine natürliche Resonanz zueinander erzielen, die uns, durch unsere innere Ausrichtung hervorgebracht, zusammenführt und durch diese Interaktionen höheres Bewusstsein schafft.

Wir sind in unserer Liebe verbunden, das sehen wir daran, wenn wir leuchten in unserer Freude, den Frequenzbereich weiten und in dieser Freude hochgehen Richtung Glückseligkeit und andere mit uns leuchten, weil diese Schwingung uns in all unserer Herrlichkeit erhebt.

42. Tag

Gott ist in dir, das dürfen wir sehen

Gott ist zu jeder Zeit in dir, er sieht dich und in seinem Atem ist es dir freigestellt zu lieben, Worte der Liebe zu wählen, Worte zu sprechen, die heilen, Worte zu wählen, die erheben, und damit die Quelle fließen zu sehen. Gott in unserer Liebe atmen bedeutet: Segen in unserem Leben zu sehen und den Wohlklang unseres Umfeldes, in Harmonie berührt zu sein, den Segen einer höheren Würde empfangen.

Gott sieht dich in deiner Liebe, zu jeder Zeit.

Er sieht den Gärtner, wenn er Liebe sät jeden Tag, seinen Schützling, sein heiliges Wasser, das zu helfen, heilen vermag.

Er sieht dich in der Liebe zu den Tieren, zu Pflanzen, zur Erde. Er sieht dich, wie du gibst in Würde, Liebe. Er sieht dich in deiner Tugend und sieht das Licht in allen, das durch deine Liebe den Segen dir bereitet, und Liebe fließt in heiligem Quell.

Gott ist in seiner Liebe und wir in unserer, wir dürfen fließen in jedem Glück und dieses Glück trägst du in dir.

Es ist ein Licht mit schönsten Farben und so rein wie des Phönix Flug, es ist so, als wollt ich preisen deiner Liebe Herrlichkeit zu jeder Zeit und goldenen Tagen.

Wenn wir hinschauen, sehen wir, dass Gott in unserer Liebe eine Quelle ist, und wenn wir offen sind für diese heilige Quelle, fließt Liebe in uns wie an jenem lichten Tag, und wenn wir diese Liebe fließen lassen, in die Welt verströmen, so ist Licht, wohin uns unser Blick auch führt, wohin er geführt wird, und in dieser einen Liebe erinnerst du dich an den Tag deiner Eltern, als sie liebten und dich, oh himmlisches Licht, zu der Erde liebstem Samen webten, und wenn wir dieses himmlische Licht fließen lassen, die heilige Gesinnung, in unserer Liebe hier zu sein und durch das Fließen deiner Energie die Welt in wahrer, reinster Würde zu erheben, so ist Gott in dir.

Indem wir Liebe fließen lassen, ist es unsere Liebe, die emporsteigt zum Himmel und diese Liebe stellt eine Verbindung mit dem Göttlichen her, in dieser Liebe sind wir gesegnet, in all unserer Liebe, mit der wir das Heiligste im anderen berühren.

43. Tag

Wir gestalten in unserer wahrhaftigen Liebe

Wenn unsere Zellen singen, singen andere mit uns.

Die Seele ist unser Licht.

Letztlich sind wir in ein Geistbewusstseinsfeld gebettet, wo die Seele mit ihrem Licht den Körper durchleuchtet, die Seelensonne durch ihre Wärme den Tag erhellt. Die Seele durch ihre Sonne den Raum weitet.

Wenn wir auf den Geist sehen, das geistige Prinzip, Logos, Entsprechung, die Analogie zum Göttlichen, so sind wir Schöpfer und bringen aus der reinen Substanz Licht hervor. Durch unsere Gedanken.

Kennst du das Gefühl, du gehst auf einen Berg, die Luft ist rein, die Stimmung klar, du hast den Überblick?

Wenn wir uns für unsere Größe öffnen, das Höhere im Leben erfassen, den Baumeister unseres Bewusstseins sehen, erkennen und aus dem Vollen schöpfen, sehen wir eine lichte Substanz, in die wir unsere schöpferische Idee prägen.

Bewusstsein ist das, was Gott beinhaltet in seiner Liebe und Größe.

Kennst du das Gefühl, mit erhabenen Regionen in Verbindung zu sein, mit deinem Geist zu reisen, du denkst dich an einen Ort und schon bist du da?

Wenn wir uns also vorstellen, du hast diesen Gipfel gewählt, du hast einen stabilen Stand und blickst in die Weite, spürst den Kontakt zur Erde, wie Wärme zirkuliert, du in deinem Angekommensein die Weite dieses großartigen Ausblicks genießt, eine lichte, reine Atmosphäre wahrnimmst und das geistige Prinzip vor dir siehst, die Verbindung zueinander erkennst.

Dein physischer Körper atmet deine Liebe, so wie der Berg, auf dem du stehst, manifestierte Schwingung, das Wasser, das in dir zirkuliert, Wissensspeicher, Resonanzkörper, die Luft, die du atmest, oszilliert mit dem Leben, das Feuer spendet dir Energie und der Ätherbereich, zu dem du in diesen Höhen Zugang hast, öffnet dich für eine höherdimensionale Sicht, indem wir den Baumeister aller Architektur im Geistigen erkennen, indem wir das geistige Prinzip in unserer Liebe fassen und so in unserer Liebe gestalten, Schöpfer unseres Leben sind.

Mit dem klaren Blick vor Augen, Herrliches aus uns zu vollbringen und in unserer Liebe Herzen im Universum singen zu sehen.

Wenn daher der Geist und unser Bewusstsein auf unser Licht fokussiert sind, die Quelle des einen in allem erkennen, wächst ein Bewusstsein, das wir durch unsere Liebe hervorbringen, somit gehen wir in unserer Liebe besser miteinander um und sind in all unserer Liebe auf konstruktive Ziele im Leben ausgerichtet.

Wir sind Schöpfer unserer Realität in unserer wahrhaftigen, wirklichen, reinen und gottverwirklichten Liebe.

44. Tag

So ist der Weltfrieden da

Den Weltfrieden durch unsere Liebe einen.

Wenn wir Liebe im täglichen Leben säen, ist Liebe da und wir können diese Liebe aufrechterhalten durch die Art und Weise, wie wir miteinander umgehen, und so tragen wir in der gesunden Verbindung miteinander zum Weltfrieden bei.

So wie wir einst als Kinder der Liebe auf die Erde kamen, tragen wir diese Liebe in uns, und indem wir uns an die Quelle in uns erinnern, an das Heilige, das wir in uns tragen, an das Licht in uns, findet aus dieser Erinnerung ein Erkennen statt. Dass aus der Einheit die Vielheit entstand und dass aus diesem individuellen Vermögen in all unserer Liebe Beiträge ins große Ganze einfließen. Dass wir uns aus unserer Quelle entwickeln und durch unsere natürliche Verbindung mit dem Göttlichen in Liebe wachsen.

Wenn wir daher die höhere Entwicklung erkennen, zum Göttlichen aufsteigen, nachhaltig bewusst die Liebe fließen sehen, bringt uns das durch unser ganzheitliches Erfassen zu den Kreisläufen im Leben, die Entwicklungen in unserer Liebe möglich machen. Und durch unsere Liebe, die bei uns beginnt, zu unserem Nächsten fließt und wiederum zum Nächsten, Licht, Liebe, Klarheit und Bewusstsein in die Welt bringen. Und wir erkennen in unserer Liebe füreinander, dass die Göttlichkeit in jedem ist. Wir dürfen diese Göttlichkeit sehen und, das allerhöchste Wohl vor Augen, sehen wir den anderen in seiner Liebe durch unser liebevolles Erfassen, durch unser Licht, zum Licht in unserer Liebe beitragen.

Wenn wir uns so erkennen, helfen und durch unser Licht Licht, Liebe, Klarheit, Bewusstsein zum Nächsten bringen, indem wir liebevolle Töne miteinander anstimmen, ist in diesem heiligen Gesang der Freude, in diesem Echo der guten Gesinnung, in diesem wahrhaftigen Ausdruck, in dieser Göttlichkeit, in dieser Blüte unserer Liebe, in diesem Segen füreinander, in dem heiligen Erwachen unser Frieden.

Es ist der Frieden, den wir im Herzen tragen, der Menschen erhebt durch unser tägliches Gebet, durch unsere Liebe, die wir leben.

Den wir in unserer wahrhaftigen und wirklichen Liebe, in unserer Liebe füreinander, fließen sehen, indem wir Frieden leben. Und hier stimmen heilige Gebete ein. Lass uns im Frieden miteinander sein, lass uns im Frieden miteinander leben, lass uns den Frieden feiern, er beginnt bei dir, fließt zu deinem Nächsten.

Indem wir den Frieden füreinander begehen, den Weltfrieden feiern, Freude vor Augen, und in diesem heiligen Erwachen füreinander unsere Liebe für uns selbst wie für unseren Nächsten einbringen, resoniert in dieser Liebe füreinander der Frieden, der uns durch unsere wahre, authentische Liebe an die Göttlichkeit erinnert.

In unserer Liebe sind wir verbunden und durch diese Verbindung stimmen wir durch die Resonanz den Weltfrieden miteinander an und so sind es unsere Beiträge in Liebe, die den liebevollen Ton im Leben zum Schwingen bringen.

Wir sind die ResonanzträgerInnen, die Stimmgabeln und auch die Resonanzfelder für den Frieden, indem unsere Liebe in einem geeinten Herzen lichtvoll und würdevoll beheimatet ist.

Der Weltfrieden ist in unseren Herzen, ist in unserer Liebe da.

Weltfrieden ist in unserer Liebe.

45. Tag

So ist heilige Liebe hier

Das Ziel: unsere Liebe füreinander erkennen, unsere Liebe erfassen, die wir füreinander empfinden.

Wenn wir wachen Herzens hinsehen im täglichen Leben, erkennen wir in der Liebe füreinander das kostbare Leben, das unser Herz weitet, das uns schauen lässt auf eine Liebe, die wir im weiten Kosmos unserer Herzensliebe empfinden.

Diese Liebe als Basis unserer Existenz zu sehen, auf der wir alles Weitere errichten, da diese Liebe auf Gott fußt, lässt uns das Höhere im Leben erkennen.

Wenn Religion und daher Liebe richtig verstanden sein wollen, wir in unserer Rückverbindung das Sakrale, das Heilige durch unsere Liebe erfassen und in unserer Liebe durch liebevolle Gaben Liebe bereiten und in dieser Offenbarung füreinander, in dem Wissen um das Licht des einen, unsere Liebe wachbewusst in unserem Tempel verkörpern, so ist es dein Licht und deine wunderbare, heilsame Gabe der beständigen Liebe, die erhebt.

In Liebe erheben wir ohne Trennung und wertende Urteile und öffnen uns so für den Himmel, für das lichtvolle Tor zum Heiligen, das uns erweckt.

Wenn wir daher vom Fleischkörper zum Lichtkörper wechseln, indem wir vergeben, Abhängigkeitsverhältnisse lösen, uns freimachen in unserer Liebe und uns dem Licht in uns allen zuwenden, steigen wir in Bereiche der lichten Schau. Sehen wir Gott in Liebe.

Diesen Vorgeschmack möchte ich dir in Liebe geben und auf Entwicklungsmöglichkeiten deinerseits hinweisen, die uns zu einem nahezu grenzenlos und zutiefst herzerfüllten und befreiten Tun geleiten. Ich könnte dir Himmel anführen, in denen ich gewesen bin, Möglichkeiten deiner nachhaltigen Entwicklung aufzeigen, doch dazu bedarf es einer primitiven, sich am Abgrund befindlichen Gesellschaft und deren Schichten, die ihre Lebensgrundlage in all unserer Liebe füreinander auf höheren Bereichen durch Worthülsen verlieren und die in ein erhabenes Bewusstsein zu führen sind, um meine Arbeit zu leisten. In unserer Liebe den Wert des einen zu erkennen, das Licht im anderen zu sehen, die Liebe füreinander zu erkennen, sei es Natur, Mensch, Tier, die Schöpfung in deiner Liebe atmen zu sehen, unseren Zugang in unserer Liebe zu bewahren, das Licht in unserer Liebe leuchten zu sehen – durch die Liebe füreinander, die uns an das Kostbare und Wahre im Leben erinnert, dürfen wir diese erfassen und lichtvoll an Kinder und Erwachsene weitergeben.

Wie wollen wir in unserer Liebe füreinander miteinander umgehen?

46. Tag

Liebe ist die wahre Gabe der Meister

In unserer Liebe ist die wahre Gabe der Meister.

Gott ist in dir wie in mir.

Den Wert unseres Lebens erkennen.

Wenn wir eines Tages die Welt verlassen, wo gehen wir hin?

Wir verlassen den Körper, lassen ihn hinter uns – so wie wir aus einem Auto aussteigen und in ein neues, das zu uns passt, einsteigen. Wir verlassen den Körper.

Wenn wir eines Tages den Fleischkörper verlassen, ihn ablegen, uns von ihm lösen, in unserer Dankbarkeit heimkehren, in den Stufen unserer Freude und in unserer Liebe den Schatz des Lebens erkennen, den Wert in unserer Liebe füreinander sehen, die geistige Kraft im Licht unserer Einheit erkennen und in dieser unsere Ewigkeit erfassen, dann sehen wir, dass Worte erheben, die wir mit Liebe sprechen. Wenn die andere Seele dir nahe ist, unsere Gedanken zum Wohl aller beitragen, wir unsere Schöpfungen auf diesen errichten, die Körper uns als Gefährt dienen, Werkzeuge im weitesten Sinn Instrumente sind – hier stellen wir uns am besten eine Harfe vor, um das besser zu verstehen –, Klangkörper, Schwingfeld, Resonanzkörper, sind wir frei, schwingen wir frei, haben wir vergeben, schwingen wir uns frei.

Wenn deine Inkarnation also abgeschlossen ins Bewusstsein zurückgeführt ist, was hast du erworben?

Wenn es was gibt, das du erwerben könntest, erscheint es im jetzigen Moment vor deinem geistigen Auge.

Die Liebe zueinander können wir erwerben, und wenn wir klaren Geistes miteinander umgehen, die Welt in unserer Liebe erfassen, ist es unsere Liebe, die wir im täglichen Leben füreinander einbringen.

Unser Bewusstsein, mit dem wir erheben, unsere liebevolle Anteilnahme dem Nächsten gegenüber, unser Bewusstsein, mit dem wir in Verbindung sind und dadurch anderen helfen können, Zusammenhänge besser zu begreifen.

Wenn wir in die Urverbindung mit Gott, der liebevollen Quelle in uns allen, wenn wir mit dieser durch unseren Aufstieg in Berührung kommen, so ist es ein Heimkommen in unser Selbst, in eine Größe, die uns eigen ist. Hier sind wir Bewusstsein, reine Liebe und auf der Aufstiegsleiter verbunden mit dem Ganzen.

Von der höheren Warte aus gesehen, ist es ein Weg der Liebe der Natur gegenüber. Dir selbst gegenüber als Spiegel einer Menschenseele, als Stern der Galaxie unserer Hinwendung.

Wenn Menschen leuchten, erkennen das Menschen.

Wenn wir die Brücken im Leben verstehen, begreifen, Brücken, über die wir gehen, Verbindung herstellen und damit zu einem natürlichen Wir-Bewusstsein gelangen, das uns miteinander in den höheren Aspekten unserer Liebe den Wert des Lebens darin erkennen lässt, wie wir im Leben miteinander umgehen und ob es Liebe ist, die wir säen. Wenn wir Liebe säen im Leben, erheben wir – in unserer Liebe kommt unser liebevoller Gedanke an.

Und durch das Säen unserer liebevollen Gedanken bildet sich ein Bewusstseinsfeld, Bewusstseinsbrücken, und die Erkenntnis, dass ein Architekt sein Bauwerk liebt und wir in unserer Liebe füreinander Pfade, Wege des Neuen gehen, indem wir das höchste Wohl aller erkennen, das wir zwar schufen, jedoch können wir uns auch lösen von der Idee, vom Körper, der das Bauwerk hervorbrachte, von der Seele, die uns half, unser Leben zu gestalten.

Von der Form, die wir in all unserer Liebe zum Leben brachten, um aus der geistigen Distanz heraus ... was hervorzubringen? Um was geht es uns wirklich? Den Lebenswert für uns zu erkennen. Und durch diesen die göttliche Verbindung zu sehen, die jeder Meister, jeder Architekt in seiner Liebe für das Ganze bekommen hat und mit dem er Zugang zu allem erhält.

47. Tag

Liebe lässt dich frei sein in der Welt

In unserer Liebe ist der Boden für das Gute bereitet.

Das Licht in unserer Liebe in die Welt bringen, Resonanzboden für Gutes im Leben sein.

Wenn wir die diesseitige wie jenseitige Welt durchdringen, können wir Brücken bauen. Aus dem Sein, aus dem Haben, aus dem Tun heraus bedeutet das, einfach in Verbindung zu sein, wir sind verbunden und in dieser Verbindung erheben wir.

Und wenn du aus deiner Liebe erwachst in das Ganze, die Augen öffnest und wir in liebevoller Einheit das Wunder in all unserer Liebe ansehen, wenn wir aus den Ebenen unserer Liebe erschaffen, gestalten wir eine Welt in Liebe. Indem wir das heilige Vermögen erkennen und in diesem Heiligen wach sind füreinander und so die Frucht der Liebe bilden.

Es ist dieses höhere Potenzial, an das wir in all unserer Liebe heranreichen, wenn wir uns darauf einstellen und uns hingeben. Den Ton in unserer Liebe empfangen, dem Himmel lauschen, den Himmel sehen und in dieser feinstofflichen Präsenz unsere Antennen auf das höchste Wohl aller einstellen. Auf das Wohl von uns allen, das in unserer Liebe ist. Und weil wir in Liebe sind, stellen wir uns auf reine Liebe ein, reine, absichtsfreie Liebe.

Wenn wir daher im Lichtbereich unserer Schwingung Gott in unserer wahren, reinen Liebe erfassen und in unserer wahrhaftigen Liebe füreinander auf den Frequenzbereich der Urmutter und des Urvertrauens, der Urschwingung, eingestellt sind, dann empfangen wir das wahre Göttliche in allem.

Und wir können springen wie der Wassertropfen und die Welle, reines Bewusstsein, das in den Ozean des Bewusstseins tropft. Wie der Funkenflug und die lichterloh glimmende Flamme, wie das Erheben im Geist, wenn wir vom Aggregatzustand des vorher Grobstofflichen in das Feinstoffliche und höher schwingende Gasförmige wechseln.

Wir können singen in unserer Liebe und mit diesem Lichtfeld reinster Liebe in liebevollstem Einklang sein. In unserer Liebe sind wir frei, das dürfen wir in all unserer Liebe erkennen! In unserer wahren, reinen Liebe singen wir. Liebe lässt in unserer wahren Liebe füreinander frei. Freiheit ist dein Geburtsrecht. Liebe lässt dich frei sein in der Welt. Liebe ist der wahrhaftige Weg deiner wunderbaren und einzigartigen Entwicklung.

Es geht darum, unsere Liebe zu feiern und in deiner Liebe zu sein.

Du bist in deiner Liebe frei.

48. Tag

In unserer Liebe, die wir füreinander
fließen lassen, erheben wir

Ein herrlicher Tag.

Wenn wir unser Tagwerk verrichten, über was freuen wir uns am Abend, unser Herz zu fühlen, dankbar für die Verbindungen des Tages zu sein?

Wenn wir unsere Seele vor Augen haben, was erfüllte sie – freudige Gespräche, Dankbarkeit, die sie spürte, das Lachen, die Sonne in uns allen?

Was lässt sie in unserer Liebe atmen?

Was lässt uns atmen in unserer Liebe füreinander? Kausalbrücken, emotionale Transferstationen, mentale Interaktions- und Koordinationsrouten, physisches Geleit deiner Frohnatur, geliebte Seele, wach sein in Liebe?

Wenn wir in unserer Liebe Oktaven der Liebe anstimmen und durch diese Himmel in uns zu schwingen beginnen, Lichtheit uns erhebt, Kausalbrücken aus unserer Liebe entstehen, Liebe aus liebevollen Gedanken resoniert, wir uns emotional im Licht unserer Liebe erheben, wir um den göttlichen Teil im anderen wissen und aus dieser liebevollen Verbindung gesund in unserer Liebe miteinander umgehen in unserem Wissen um das Ganze, dass es singt in all unserer Liebe in den Herzen, wenn wir dieses achten und somit das physische Geleit in unserer Liebe zu Hause ist, wir aus unserer Liebe gesund miteinander umgehen und damit aus der hohen Verbindung in dir wie in mir durch die Oktaven, die wir miteinander zum Schwingen bringen, Licht, Nahrung für unsere Seele wie für unseren Geist in die Welt bringen und damit unser Dasein in der Würde füreinander erheben.

49. Tag

Liebe schwingt und resoniert in der Welt

Wir erheben wahrlich.

In unserer Liebe erheben wir einander im täglichen Gespräch, Austausch, in der wahren Liebe, die wir füreinander empfinden, im Moment unserer Seligkeit, unserer Hinwendung, unserem Einswerden mit der Quelle. Jede Zelle singt das Hohelied der Freude.

„In unserer Liebe sind wir zusammen", ist der Beginn eines Liedes, das Kinderherzen lieben. Durch die Liebe ist ein Kommunikationsfluss hergestellt und dieser Kommunikationsfluss erinnert dich an eine Liebe, die du kennst, und in dieser Liebe, die wir feiern, ist es die göttliche Liebe, die offenbar ist, und auch die Liebe zum Menschen, die dadurch zunehmend sichtbar ist. Töne der Liebe, die wir spielen, und reine Freude, die wir in unserer Liebe sehen, das liebe Leserin und lieber Leser, ist der Schlüssel zu dir wie zu deinem Nächsten, Portale der Freiheit, Frieden, Weite, Wohlwollen, Verständnis, Anteilnahme. Und in dieser Liebe die Offenbarung des Heiligen, das wir in uns tragen und durch die Verbindung zur Quelle mit der Welt kommuniziert.

Die liebevolle Quelle in jedem erwacht, durch den richtigen Ton erwacht sie, und wenn wir um den heiligen Ton im anderen wissen, ist es an uns in unserer Liebe, diesen in der Welt zum Klingen zu bringen und dadurch zu erinnern, füreinander wach zu sein.

Aus einer reinen Quelle unserer aufrichtigen Liebe zu sprechen und dadurch die Welt für uns alle in dieser Liebe zu erheben.

Wenn wir durch unsere Liebe im Leben den liebevollen Ton in uns wie in anderen zum Schwingen bringen, ist die Gnade, die damit in unserer Liebe einhergeht, ein liebevolles Feld, das wir schaffen, und in diesem liebevollen Feld singen du und andere, weil ihr euch erinnert an das Wahre, Ganze, daran, dass wir in unserer Liebe Verbindung zueinander haben, Verbindung zu jeder einzelnen Zelle im Körper, Verbindung zur Seele und dem Ganzen, zum Menschenkörper, der alle Körper durch deine Liebe erinnert.

Liebe ist in uns allen, das ist wunderbar.

Liebe schwingt und resoniert in der Welt.

Wir dürfen uns erinnern, wach sein füreinander.
Im Herzen sind wir dankbar und stark.
Wir Kinder lieben diese Welt.
Wir feiern, weil es uns gefällt, das Lebensfest und vor allem die Freude, die wir leben, die unsere Herzen eint.

In unserer Liebe
sind wir zusammen,
feiern wir, Freunde, feiern die Freude,
das lichtvolle Fest. Das friedvolle Fest.

In unserer Liebe
sind wir zusammen,
feiern wir freudvoll
und tanzen zum Fest.

In unserer Liebe
sind wir zusammen,
feiern wir, Freunde,
die Welt ist so schön.

In unserer Liebe
sind wir zusammen,
feiern wir, Freunde,
und sehen unser Herz, um den Herzreigen zu sehen.
In unserer Liebe
sind wir zusammen,
feiern das Leben,
das Licht dieser Welt.

In unserer Liebe
sind wir zusammen,
feiern wir, Freunde, feiern den Frieden
und danken uns selbst. Dem Geld.

In unserer Liebe
sind wir zusammen,
feiern das Leben,
das lichtvollste Glück.

In unserer Liebe
sind wir zusammen,
sehen wir einander,
sehen unser Licht. Sehen uns entzückt. Sehen unser Glück.

In unserer Liebe
sind wir zusammen,
sehen die Erde säen den Frieden
und sind tiefstbeglückt. Die Wurzel des Lichts. Stück um Stück.

In unserer Liebe
sind wir zusammen,
feiern das Leben,
das lichtvollste Fest.

In unserer Liebe
sind wir zusammen,
feiern wir, Freunde,
und leben das Fest.

In unserer Liebe
sind wir zusammen,
feiern wir, Freunde,
und bereiten das Fest. Und genießen das Fest.

In unserer Liebe
sind wir zusammen,
feiern wir, Freunde,
das lichtvolle Fest.

Ergänzungen:

Sehen wir uns feiern, sehen wir uns leben, sehen wir uns leuchten an
jedem herrlichen Tag.
Sehen uns feiern, sehen uns lieben, wie Gott es mag.
In unserer Liebe sind wir zusammen und danken dem Tage für die-
ses lichtvolle Fest. In unserer Liebe sind wir zusammen, danken wir,
Freunde, dem herrlichen Fest/dem herrlichen Tag.

In unserer Liebe sind wir zusammen, freuen uns des Lebens, wie Gott es mag.

Wie der Stern und die Saat.

Säen den Frieden, sehen ihn wachsen, Licht um Licht werden an jedem Tag.

Sehen die Sonne, sehen ihre Strahlen, wie sie erleuchten, wie Gott es mag.

Die Welt ist so schön, die Welt so zu feiern, einander zu lieben, weil ich dich mag.

Einander zu sehen, sehen zu können, in die Augen zu schauen, wir danken dem Tag. Danke dem Tag.

Feiern wir, Kinder, eine Welt voller Wunder, die Welt voller Freude, das Strahlen der Gesichter, wie Gott es mag. An jedem herrlichen Tag.

Die Welt ist so bunt und der Hase so rund, das Fest, das uns eint, das sich auch so schön reimt.

Lasset uns singen, Musik erklingen, das Herz möchte singen an jedem lichtvollen Tag.

Feiern wir, Kinder, fröhlichen Herzens mit unseren Stimmen, wie Gott es mag.

Lieder erklingen, im Herzen erklingen, lasset uns singen, wie Gott es mag.

Töne, die schwingen, im Herzen klingen, Kinder, die singen an jedem lichtvollen Tag.

Lieder, die klingen, die Herzen, die schwingen, wie schön ist's, wenn wir singen, wie Gott es mag.

Herzen erleuchten, Lichter entzünden, funkelnde Augen an jedem Tag.

Kinder, die singen, Stimmen, die klingen, lasset uns singen, weil ich das mag.

Lichtvolle Stimmen im Himmel erklingen wie Engel an jedem herrlichen Tag.

Lichtvolle Stimmen, im Himmel sie singen, sie singen die Lieder zu dem Engelschor. (Wie sie schön singen.)

Ein Fest voller Lieder, ein Fest für uns Kinder, ein Fest für die Freude, hebt die Freude empor.

Singen wir Lieder, strecken die Glieder, unsere Lieder, dankend zum Fest.

Singen wir Freude, unsere Freude, danken der Freude, jedem lichtvollen Tag.

Du kannst aus den angeführten Möglichkeiten auswählen und natürlich auch ganz eigene nach deinem Wunsch zusammenstellen und so dein Licht in die Welt bringen.

Danke in Liebe für all diese Freude.
Für das Gedicht, den Vers, den Reim, der unsere Herzen erhebt.
Danke in Liebe zum höchsten Wohle aller.

50. Tag

Du errichtest die Welt in deiner Liebe

Du erhebst die Welt in deiner Liebe.

Die Freude in unseren Herzen singen sehen.

In der täglichen Resonanz miteinander ist es die Freude füreinander, die uns aufsehen lässt zur Zeitlosigkeit, die wir durchschauen und die uns in unserer Liebe entwickeln lässt.

Wenn wir auf unser Vermächtnis sehen, was wir bisher vollbrachten, unseren Weg vor Augen haben und diesen Weg in unserer Liebe beschreiten mit der Gewissheit im Herzen, dass Wege in unserer Liebe stets vom Höchsten erfüllt und damit im Licht unserer Liebe von der reinen Größe in dir getragen sind. Du in unserer Liebe diesen beschreitest und dieser in der Liebe füreinander durch das Herzfeld, das wir miteinander bereiten, getragen ist, so ist unsere Liebe füreinander Ausdruck der höheren Verbindung, Ausdruck der Art und Weise, dass wir besser miteinander umgehen.

Ausdruck unseres Vermögens, Liebe in der Welt zu säen und durch ein Herzfeld der Liebe diese im Leben zu empfangen und dadurch im Einklang mit harmonischen Kräften im Leben zu sein, dadurch freie Sicht zu haben auf eine Welt, die wir durch unsere Liebe gestalten und durch die wir in einer Welt der reinen Liebe sind.

51. Tag

Durch unsere Liebe füreinander sehen wir

In unserer Liebe zueinander, in unserer Liebe miteinander sein.

Die große Harmonie – wenn wir in unserer Liebe einander helfen und diese Hilfe Ausdruck einer neuen Bereitschaft im Leben ist, einander auf hilfsbereite und wunderbare Weise zu erkennen.

In unserer Liebe zueinander erkennen wir die Note, die wir in unserer Bereitschaft gegenüber dem großen Ganzen spielen.

Feuer unserer Freude, Begeisterung entzünden sich meist in Augenblicken, in denen wir das Innere des Menschen erkennen und dadurch unsere Gegenwärtigkeit in unserer Liebe, die wir in die Welt bringen und durch die wir den heiligen Klang im anderen zum Klingen bringen. Wir stimmen die Liebe an.

Im Anstimmen unserer Freude ist unsere eigene Freude beheimatet und im Anstimmen der Noten für die große Harmonie ist es die Freude im Einzelnen und seine lichte Basis, die in all unserer Liebe zu erheben vermag.

Töne der Liebe anzustimmen und in unserer Verbundenheit leuchten zu sehen, gibt uns das Gefühl, dem täglichen Leben zu vertrauen und durch dieses Vertrautsein eine Verbindung zu haben, die uns erkennen lässt, dass Liebe im täglichen Leben ist.

52. Tag

Wahrhaftige Freude

Die Welt in unserer Liebe atmen.

Die Verbindung in unserer Liebe zu unseren höheren Körpern aufrechterhalten.

Wenn du dir vorstellst, dass du aus einer lichten Quelle kommst,
deinen Lebensplan mit in diese Welt bringst und dich durch deine
Liebe im Leben an diesen erinnerst und dir im Leben Raum schaffst,
um dein Bewusstsein mit der Liebe in höheren Regionen bewusst aufeinander abzustimmen, um dadurch Liebe aus dem Feinstofflichen, aus
dieser höheren Verbindung in die Welt zu bringen.

Diese höheren Bereiche kannst du dir in all deiner Liebe beseelt und
belebt vorstellen und wie eine Lebensader, die dich mit den reichen
Quellen der Wirklichkeitsebenen verbindet.

Wenn Jesus spricht, würde er wohl sagen: „Das, was ich kann, könnt
ihr ebenso und das, was ihr anderen gebt, gebt ihr euch …“

Die Lebensenergie in die höheren Körper fließen zu sehen, erfüllt
dich mit Freude, und durch die Lebensader mit höheren Aspekten deiner selbst verbunden zu sein, öffnet dich für das Wahrhaftige im Leben.

Du erkennst spirituelle Gaben, Talente, Fähigkeiten und dein Geburtsrecht, als freies, spirituelles Wesen deine Liebe in der Welt zu verwirklichen.

53. Tag

Unser Herz in wahrer, reiner Liebe öffnen

Der Schritt zum Tor.

In deiner Liebe gelangst du zur höheren Ebene. Stell dir das wie Daseinsbrücken vor. Sie öffnen dir Türen, Türen, die deiner Resonanz entsprechen. Diese Daseinsbrücken, Entwicklungsstufen ins Höchste, was die wahre Religion in ihrer Verbindung auszudrücken vermag, verbindet dich mit dem Licht in uns allen.

In diesem Licht bist du ein Teil des Ganzen und in diesem Licht ist es wie ein Anziehen des Höheren, mit dem Herz gesehen, wie eine Quelle, wie eine nährende Quelle, die dir alles gibt, was du für deine Reise benötigst: Wärme, Licht, Liebe. Und ich spüre, dass mich das erfüllt. Es ist wie ein Aufladen in einem Kokon, reine Liebe strömt durch mich, sehr berührend, hell, klar, licht, ich spüre so viel Liebe, Liebe, die mich erfüllt. Heil sein, ganz sein, aufladen, pulsieren, es ist ein Lichterschwingen, feiner sein, feinere Kultur, höhere Ordnung – was mich persönlich in all meiner Liebe interessiert: Können wir unsere höhere Entwicklung in all unserer Liebe in die Welt bringen?

Der Aufstiegsweg darf uns sichtbare Ergebnisse liefern, nur dann werden Menschen bereit sein, diese Schritte, die ich ging, ebenso in Liebe zum höchsten Wohle aller zu gehen.

Ich sehe mich in einem neuen Licht, stärker, vitaler, viel mehr in Freude, in Frieden mit mir und der Welt, viel mehr in Liebe, weil ich göttliches Licht atme und in meiner Liebe, in all meiner Liebe zu mir, in all meiner Liebe zu der Welt, in der ich in Liebe lebe, angekommen bin.

Bringen wir in unserer wahren, reinen Liebe Bewusstsein in die Welt, so erheben wir damit augenblicklich das Bewusstsein und tragen in unserer Liebe zur Höherentwicklung des Menschen in seiner Liebe bei.

54. Tag

Die Welt, die wir in wahrer Liebe atmen

In unserer Liebe das Höhere entdecken, das um uns herum ist.

Wenn wir in die Verbindung, die wir zueinander haben, Licht, Liebe, Fürsorglichkeit geben und die Samen unserer Liebe erwachsen sehen, wir in der Auswahl unseres Weges Bestätigung finden und so die Gaben unserer Liebe gedeihen können, die wir mit offenem und erfülltem Herzen säten, und so die Welt Liebe atmen und wie die Lunge der Natur neues Leben hervorbringt und uns nachhaltiges Wachstum zukommen lässt, so können wir dankbar sein für die Welt der Liebe, die uns atmet, in der wir leben, in der Liebe floriert.

In einer liebevollen Welt miteinander zu leben, offenbart dir Potenziale, die dich in aller Liebe füreinander singen lassen.

Die Welt der Liebe wachsen und in unserer Liebe reifen sehen.

55. Tag

Im Licht deiner Liebe

Herzen singen in Liebe und im Resonanzfeld der Liebe erheben wir. Aus der Liebe heraus gestalten und in unserer höheren Verbindung die Blüten unserer goldenen Natur in der Dankbarkeit unserer Herzen, die uns frohen Mutes erheben lässt, dankbar sein, das Göttliche sehen, erkenne das Licht deiner Natur und erfreue das Ganze mit deiner Liebe.

Reine Liebe ist in unserer Liebe.

56. Tag

Schöpferkunst

Schöpferheiligtum.

In unserer Liebe wahrlich begeistern.

Eine wunderbar friedvolle, liebevolle Welt, in der wir leben.

Liebevolle Gedanken helfen uns, unser Bewusstsein zu erweitern.

Ein liebevolles Wachstum, das in unserer Liebe Früchte trägt und anschaulich darstellt, vermittelt, - uns auf die Früchte unserer Arbeit blicken lässt, die Natur und jeglichen Aspekt des Menschen gesund sein lässt.

Entwicklung in unserer wahren, reinen Liebe füreinander ist möglich.

In unserer Liebe füreinander komplexes Leben erfassen zu können, lässt uns auf eine Entwicklung freudvollst blicken, die wir in unserer Liebe füreinander bereits schon in den Herzen tragen.

In unserer Liebe sehen und erkennen wir.

57. Tag

Das große Wunder unserer Liebe
füreinander erkennen

Das Wunder unserer spirituellen Dimension erkennen. Hier lebt dein Reichtum, Frische. Das Wunder unserer Unendlichkeit sehen.

Du bist ewiges Licht. Du bist das Licht und in deiner Erleuchtung gestaltest du.

58. Tag

In unserer Liebe zueinander einander erheben

Wenn wir auf das Neue blicken, sehen wir Freude, Leichtigkeit, Wohlwollen, Frieden.

Wir sehen die Liebe in der Welt wachsen und durch diese Brunnen der Liebe, durch diese Kaskaden der höchsten Emotionen, durch die Feuer deiner Leichtigkeit, durch die Klarheit deiner reinen Liebe, durch das Anheben der Energie entsteht der Raum des Neuen, indem wir unsere göttliche Natur erkennen und in ihr unsere Freiheit atmen, durch die Liebe, die wir im Leben verkörpern.

59. Tag

Wir sind in Liebe

In unserer Liebe heilige Melodien sehen.

Lichte Welten, die klingen, während deine Reise in lichte Bereiche mit Gottes Segen fortgesetzt ist. Gebete, die sich erhellen in Liebe, und weißes Kleid der reinen Liebe, Himmelsgefährt der Reinheit, das dich trägt und das wahre Sein spüren lässt.

60. Tag

Im Licht unserer Liebe erheben wir

Der Weg nach oben in all unserer Liebe.

Wahrheit atmen im Leben, Liebe, die Zellen an eine Kraft erinnern, die wir seit Urzeiten fließen sehen. Wir erheben in dieser wahrhaftigen Liebe, darin ist all unsere Freude, all unser Glanz, unsere Schaffenskraft und damit öffnen wir Räume, wir erkennen uns im Licht dieser Liebe.

In diesem Erkennen ist unser Heiligstes offenbar, so sehen sich Freunde an, die nach Hause kommen, so sehen wir uns im Licht unserer Liebe, so sehen wir das Licht, das in unseren Herzen füreinander leuchtet, und erheben uns im Licht unserer Liebe.

So sind wir allseits gesegnet in unserer Liebe.

61. Tag

Herzen, die leuchten, erwecken Herzen

Wenn wir lieben, kommt das an.

Unsere Freude, die uns im Leben erhebt, glücklich sein lässt, unsere Dankbarkeit füreinander, lichte Klangstruktur, die durch unser Strahlen zu erheben vermag und unser Sein auf eine Stufe erhebt, wo wir zu leuchten beginnen. Zu leuchten in unserer Freude, die lichter Ausdruck unseres höheren Körpers ist, indem wir in all unserer Würde und Freude füreinander erheben.

62. Tag

Achtung in Liebe vor dem Leben

Während wir das Heilige erfassen in unserer Liebe füreinander, während wir hinsehen, auf uns schauen in unserer Fürsorglichkeit, während wir das Leben achten und preisen, achten wir jeden Teil der Vollkommenheit, der mit uns im Licht des einen ist.

Wenn wir uns ansehen, als Teil des Ganzen erkennen, ist dieses Höhere, die wahrhaftige Natur eines jeden wie Lebensnoten, die wir in unserer Liebe füreinander spielen, zu erfassen. Die in unserer Liebe lichtvoll und wunderschön klingen. Ausdruck unserer hohen, geistigen, feinstofflichen Liebe, die wir in all unserer Liebe füreinander leben und, durch unsere höhere Natur atmend, im Leben als liebevolles und heiliges Manifest im Alltäglichen verwirklichen.

Wenn wir unser Leben atmen, anderen dieses Recht zusprechen, in Liebe ebenso zu atmen, erkennen wir in der Reinheit unserer Fürsorge Freiheit und Freude, die uns verbinden, die uns schauen lassen auf manifestiertes Glück und uns einen in der Bereitschaft, Leben schenken zu wollen, da es dich erfüllt auf eine Weise, die unbeschreiblich ist.

Dieses Leben ist so kostbar, dass die Höchsten davon sprechen und an seinem Fuße preisen, was in unseren Herzen der Liebe gegenüber ist, der Ton und Klang deiner Einzigartigkeit, erhabener Ton deiner Stimme, so bist du hier, um zu leben, um Heiligkeit zu sehen.

So bist du hier, um in deiner Liebe die Liebe deiner Nächsten zum Klingen zu bringen.

63. Tag

Unsere Herzen in der Berührung
– unsere Herzen tanzen

Eingestimmt auf den Frieden im täglichen Leben, sind es lichtvolle Felder, die sich berühren, Frieden, der anklingt, in unserer Liebe, im heiligen Potenzial offenbart, in unserer Liebe füreinander in die Welt gebracht.

Dieser Schlüssel, das Tor zur Hoffnung, heiliger Gral der Erneuerung, er ist uns gegeben in unserer Liebe. Er ist in uns, in unseren Herzen, in der Liebe, die wir leben. Er strahlt ein Licht in die Welt, das dich begrüßt, willkommen heißt, erhebt in lichter Liebe, so wie der Morgentau den Frühling küsst, so ist das Licht, dieses Leuchten, Erinnerung für uns, Erinnerung an die heilige Quelle in uns allen.

Der heilige Gral ist ein Gral reiner Liebe und Tugend, ein Gefäß der Vollkommenheit.

Liebe ist in unseren Herzen.

64. Tag

Licht im Leben bereiten

Es ist unser Licht, von dem Leben ausgeht.

Unser Licht, das wir durch unsere tägliche Arbeit in die Welt bringen. Arbeit, die uns erfüllt, aufbaut, nährt. Eine Arbeit, die uns aufschauen lässt auf unser hohes Potenzial, das wir in unserer Liebe füreinander bereiten, während wir durch unsere Fürsorglichkeit die Früchte unserer Arbeit wohlwollend und in aller Liebe weise wachsen sehen.

65. Tag

Königswürde

Auf unser Wohl ausgerichtet, Liebe füreinander in die Welt fließen lassen, Quellen öffnen.

In unserer Liebe füreinander öffnen sich in den Dimensionen bei erreichter Schwingungszahl Türen, heilige Pforten zu deiner Entwicklung, die ein neues Potenzial freigeben. Wege, die wir beschreiten, die uns mit höheren Resonanzen in Kontakt bringen. Öffnen sich für uns Möglichkeiten, eine neue Entwicklung, die uns wahres Potenzial in all unserer Fürsorglichkeit erkennen lässt.

Es ist eine Entsprechung, getragen sein, schweben, man spürt den Thron, der bereitet ist, Friede, Würde, ein Thron, er fühlt sich samtig an. Ein Gefühl, im Himmel zu sein. Dieses Gefühl, das Erhabene, gilt es, für dich und deine Entwicklung in deine Größe hinein vor dem Ganzen in deiner Würde und Erhabenheit aushalten zu können.

66. Tag

Die Erhabenheit in unserer Liebe

Die erhabene Liebe, die wir in all unserer Liebe leben.

Der heilige Lichtkanal ist da.

Menschen spüren das, Herzen berühren sich, während wir singen in der Liebe, wie der heilige Kanal Tore öffnet, Tore in unser Licht, die uns den Zugang zu einem grundgesunden Miteinander eröffnen, das sich in unserer Liebe füreinander verstärkt.

Wege der Liebe, die wir so beschreiten, öffnen Herzen. Durch das offene Herz haben wir Zugang zu unserem wahren Potenzial, innen wie außen.

So ist in unserer Liebe der Segen, den wir bereiten, so ist in unserer Liebe Segen, Freude, Dankbarkeit, Frieden und so ist in unserer Liebe Licht, das unsere Zellen erhellt.

Und wie bei Kindern unsere liebevolle Haltung ausschlaggebend ist, so fließt auch hier Liebe aus unserer reinen Quelle in die Herzen, lässt dich den Vorgeschmack auf die Glückseligkeit fühlen und die Stufe deiner Erhabenheit kosten.

67. Tag

Fenster der Liebe füreinander, durch die wir blicken

Das Herrliche in unserer Liebe füreinander erfassen.

Das Buch, das wir miteinander schreiben, offenbart unser Licht, das wir in die Welt bringen. Wie viel ist in Licht geschrieben, im Licht offenbar in der Welt?

Welch hohes Licht, das in unserer Liebe zueinander die göttliche Verbindung im Leben sichtbar sein lässt, ist in uns allen?

Jeder einzelne Teil erfährt sich im Ganzen. Stern, der uns alle sichtbar erhellt, wunderbare Saat der Liebe, die grenzenlos und für uns alle so herzerfüllt offenbar ist. Lichte, reine Saat der Liebe, große Saat der Herrlichkeit.

Liebe durch unsere Herzverbindung in die Welt bringen. Herztüren öffnen sich in unserer Liebe füreinander, der Herrlichkeit für uns alle.

Wir erheben in wahrer, reiner Liebe, das kommt uns allen zugute.

In unserer Liebe zueinander säen wir Samen der Liebe, die aufs Wunderbarste in unserer Liebe erblühen und das Licht offenbar sein lassen, und indem wir aus unserer Liebe füreinander, aus reinem Herzen gestalten, erheben wir die Schwingung in unser Licht – wir erheben die Welt. Wir erheben die Welt in unserer Liebe und tragen so zur Höherentwicklung und auch zur Weiterentwicklung bei.

In unserer wahrhaftigen Liebe füreinander erheben wir, tragen in unserer Liebe zum Gedeihen der Herzensfrucht bei und wir sehen uns im Licht unserer Liebe, wie wir Samen der Liebe für das Ganze in die Welt bringen. Für eine Welt in Liebe.

68. Tag

Die Lebensmelodie in unserer Liebe

Lichte Töne in unserer Liebe füreinander zum Klingen bringen. In unserer Liebe füreinander die Töne des Lebens spielen, was wollen wir in unserer Liebe gestalten?

Was aus unserer Liebe füreinander hervorbringen?

In unserer Liebe füreinander klare Sicht haben, auf das Wesentliche sehen, die Liebe füreinander anerkennen, zum Wohl aller durch unsere Liebe beitragen.

Lichte Sphäre unserer Reinheit.

Wenn wir vom Licht in uns ausgehen, dem wir in der höheren Verbindung angehören, wenn wir von diesem Licht die Verbindung zum Licht in uns allen herstellen, auf die höhere Verbindung blicken, auf die Reinheit achten und diese berücksichtigen, das Streben des Lichts zum Licht hin erkennen, sehen wir in unserer Lichtheit die Verbundenheit, die uns durch unsere Größe das LICHT offenbart, das wir als Teil des Ganzen wie auch in der Verbindung miteinander als liebevolle Quelle des Lebens in all unserer Liebe in die Welt bringen.

Wenn wir aus unserer Harmonie, aus der höchsten Verbindung der Reinheit in uns Leben in Liebe säen und dankbar sind für die Noten, die erklingen – was in unserer Liebe und Dankbarkeit füreinander, in der Reinheit unserer Seele, im Ausdruck unserer Körper, im erhabenen Anblick unseres Geistes, mit dem wir wachbewusst in all unserer Liebe zum höchsten Wohle aller schaffen/manifestieren, was in unserer Liebe können wir anders machen, als dankbar dafür zu sein, dass unsere Herzen im Ton unserer Liebe die Melodie des Lebens spielen?

Was in unserer Liebe können wir anders machen, als zutiefst dankbar dafür zu sein, dass unsere Herzen im Ton unserer Liebe das Lied des Lebens spielen, das wir jeden Tag aufs Neue miteinander auf herrlichste und wunderbarste Weise im Klanghorizont der reinsten Freude, im Klangfeld unserer wahrhaftigen Liebe füreinander erfassen?

Es ist unsere Liebe für das Ganze, die uns öffnet für ein Verständnis, dass wir in unserer Liebe miteinander schwingen, klingen, Verbindung durch den großen Raum erfahren.

Durch diese Liebe lichtvoll reisen und die Horizonte lichterfüllter Welten, reiner lichter Sphären preisen, den großen Raum erhabener Liebe kosten, die weite, erfüllte Lichtheit sehen, die große Liebe sehen, verstehen.

Wenn unsere Körper miteinander die Harmonie der Freude anstimmen, wir im Lichtfeld beginnen, unsere Herrlichkeit im lichten Sinn gänzlich zu erfassen, die Lebensmelodie, die lichten Sphären, die hier klingen, Herzen auf die schönste Weise in unserer Liebe füreinander zum Schwingen bringen, erklingen lassen. Die große Harmonie der weitgereisten Freude lichterfüllter und reich beseelter, wunderbarer Welten – sehen wir die Harmonie im Ganzen, sehen wir das Zusammenspiel? Wie die Lebensmelodie aus unserem Licht erwächst, aus unserer Freude sich erhebt ins leichte, ins klare, wahre, herzerfüllte und so wunderbare Licht der liebevollen Leichtigkeit, mit der wir die Schöpfung mit jedem Ton aus unserem Herzen durch unsere liebevolle Art und Weise auf unserer individuellen Reise zum Klingen bringen?

Was in unserer Liebe füreinander wollen wir bereisen, welches Licht ins Leben bringen, um mit unserem Klang einzustimmen in den Weltenklang der hohen Gnade, die Lichterfülltheit auf dem Pfade?

Welche Schule lichten Strebens ist dir mitgegeben, welch große, lichterfüllte Hand gab dir einst ein lichtes Pfand? Welch wunderbarer Schlüssel, den du einbringst in das lichte Tor, sieh hinauf, geh empor!

Die große Harmonie der reinen Freude, lichte Welt, soweit du blickst, große Hoffnung lichterfüllter Welt, schau nach vorne, Schritt um Schritt.

Wie wollen wir leben in einer Welt, in die wir liebevolle Samen geben, wie wollen wir leben, Schritt um Schritt? Wie wollen wir leben in dieser und lichte Samen wachsen und gedeihen sehen? Wie wollen wir leben, während Herzen sich verbinden und Resonanzen in der Liebe blühen? Wie wollen wir leben in der Harmonie der Freude, in der großen Harmonie der lichten Wahl?

Sieh die große Harmonie, die Harmonie in deiner Seele, im geistigen Feld, das wir zum Klingen bringen?

Siehst du die große Harmonie?

Das Feld der Liebe.

69. Tag

Unsere Herzen strahlen in Liebe, während wir erheben und erleuchten

Die Türen unserer spirituellen Entwicklung.

Welche Pforten in unserer Entwicklung öffnen wir füreinander?

Ankommen zu können in unserer Größe, unserer Weite, unserem Vertrauen, ankommen zu können in deinem Vermögen, in dem, was sich durch dich ausdrückt.

Deine Liebe.

Das helle Gefühl in dir, Freude, Wohlwollen, ein dankbares Gefühl, wie wenn sich der Raum für uns öffnet, für den wir nun durch unsere Arbeit bereit sind.

Ein lichtes Streben, ein Weg, der sich auftut, wie der Samen durch unser Licht wächst, so wachsen wir in der täglichen Resonanz des Lichts unserer Liebe und bringen das durch unsere Liebe hervor, wie die Pflanzen die Natur, was wir alle im Licht unserer Liebe benötigen, um die Quelle in uns als Portal unserer Liebe zu erkennen.

Die Sprache unseres Herzens zu sprechen, erinnert uns in unserer Liebe daran, selbst aktiv Schöpfer im Leben zu sein.

Unsere Herzen in unserer Liebe füreinander resonieren zu sehen, erhebt uns in eine Welt, in der die Leichtigkeit singt, wir unsere Gaben erkennen und in dieser Symphonie der Freude einander erheben.

So ist der Himmel unserer Heiligkeit in uns allen vorhanden, während wir uns an unser wahres Vermögen erinnern, aus unserer Liebe gestalten und das Herzresonanzfeld unserer wahrhaftigen Liebe mit uns ist.

Aus dieser erfüllten Liebe zueinander entfalten wir in unserer Freude unser wahres Potenzial und leben in all unserer Liebe miteinander in einer Welt der Liebe. Während wir in dieser feiern, unser Umfeld mit uns strahlt und du in deiner Herzresonanz die Welt in ihr herrlichstes, wunderbarstes Dasein liebst.

70. Tag

Herzerfüllte Töne

Himmlische Harmonie.

Töne, die im Universum klingen.

Harmonische Schwingung, Entsprechung in der Welt, Klangteppich unserer Liebe, Tönen der Planeten, reinstes Licht, erhabener Klang, goldene Stimme, Himmelsgesang.

Die Töne erklingen zur Resonanz menschlicher Stimmen, erheben die Freude und lichten den kosmischen Tanz, den wir in unserer Freude füreinander wählen.

Die große Harmonie der Herzen, die sich mit jedem Tag verbinden, trägt Freude in sich und durch das Wissen um unsere einzigartige, vollkommene Liebe, die wir in den Herzen tragen, erheben wir die tiefen Noten unserer lichten Gegenwart in die Höhen reiner, wahrhaftiger Liebe.

Wir erheben in wahrer, reiner Liebe.

Mit diesem lichten Anheben ist eine höhere Schwingung mit jedem Tag verbunden. Wir gehen in lichte Welten, während unser Schwingungsfeld uns in höheren Ebenen sein lässt. Womit wir durch unsere Stimme zur Harmonie der Klangfolge, zum lichten Klang des Universums beitragen. Indem wir auf den guten Ton im Leben achten. Das Wohl aller vor Augen haben und die hohen Töne wahrer Mitmenschlichkeit und humanitärer Freude spielen. Und freue dich, in ihrem lichten Klang die Welt mit ihren lichten Schwingen zum Klingen zu bringen, um das Stimmbild wahrer, reiner Liebe, die Stimmfarben zum Leuchten und damit die Welt, in der wir leben, zum Schwingen und zum Klingen zu bringen.

Wir erheben in unserer wahren, reinen Liebe füreinander, das kommt in all unserer Liebe an.

71. Tag

Vertrauen

In unserer Liebe ankommen, feiern.

In unserer Liebe feiern wir Frieden, sehen wir den Frieden, den wir durch unser Licht säen und erheben in unserer Freude, in die göttliche Freude hinein, in der wir unser Herz weit und lichter öffnen, in die göttliche Freude, die in unserer Liebe füreinander da ist.

Erheben ins Göttliche.

In unserer Liebe füreinander das Licht der Heiligkeit im anderen zu erfassen, der Brise, dem lichten Geschick zu lauschen, Gott in dieser Liebe füreinander um Offenbarung zu bitten, öffnet dir ein Tor deiner Hingabe an das Heilige in dir, und durch diese Heiligkeit angeregt, ist es die lichte Gabe deiner Verbindung, deiner Liebe, die du empfängst im Spiegel deiner Liebe für dich.

Ein lichter Samen, den du sprießen und wachsen hast lassen, der durch deine Ausdruckskraft an Freude gewonnen hat. Ein Lebensbaum, spendende Quelle – spendende Quelle voller Glück, Reichtum, Frieden, Freude, Fülle, reine Quelle, Urquelle großer, göttlicher Kraft, der Lebensbaum. Symbol für Leben, Freiheit, Freude, Frieden, Lebendigkeit, die in unserer Liebe in uns, um uns ist – reine Freude, die erhebt und Glück dem Wissenden, Suchenden spendet.

Deine Göttlichkeit erkennend. Die Göttlichkeit in all deiner Liebe im Ganzen erkennend, die Gottesfunken in allen Menschen, in Tieren. Sieh das erhabene Licht in den Pflanzen, sieh dein Licht in allem leuchten, wie menschliches Bewusstsein in wahrer, reiner Liebe erhebt, wie wir uns als Teil der Menschheit erkennen und in diesem Erkennen, dem Fließenlassen reiner Energie füreinander, unser Segen im liebevollen Kontext ist.

Die goldene Zeit bricht an, und wie wir in unserer Liebe gestalten, so ist Gott mit uns, in uns, in der Welt, die wir wahrhaft lieben.

Geh deinen Weg in Liebe. Gott ist da. So sind es unsere Früchte der Liebe, die erfüllen, die dankbar am Baum unseres Lebens reifen, so sind es Gebete, die erheben. Freude, die wir in unserer Liebe füreinander schenken, Dankbarkeit, die wir in unserem Wohlwollen empfangen, und Segen, den wir aus offenen, bereiten, gotteskundigen und wunderbaren Herzen empfangen.

Es gibt Menschen, die berichten: Gottbezeugungen, Wunder, die durch Gebete bewirkt wurden, sein Licht in Liebe gesehen zu haben. Es gibt Menschen, die berichten davon, Gott sei in unserer Liebe gegenwärtig, und er ist auch in dir, wenn wir im täglichen Miteinander die Liebe anstimmen. So ist sein Vermögen zu lieben bereits in uns angelegt. So ist seine Liebe Ausdruck unserer Liebe und so ist die Liebe, die wir füreinander empfinden, Ausdruck unserer Herrlichkeit, die wir im täglichen Leben manifestieren.

72. Tag

In unserer wahrhaftigen Liebe
füreinander erheben wir

Liebe erfüllt Herzen, und wenn wir sie geben, erblüht sie.

Herzen säen Liebe und Diamanten strahlen im Licht unserer Reinheit.

Der Welt wahrlich Liebe schenken zu können, bedarf unserer gewissenhaften Ausrichtung, unserer Fürsorge und Liebe für das Selbst, ohne unsere Liebe zunächst zu beachten. Du schaust in die Situation als Beobachter hinein, nimmst sie wahr, wie sie ist, und mit zunehmender Klarheit nimmst du deinen Aspekt in all unserer Liebe wahr.

Dieser Richtungs- und Positionswechsel hilft dir, Situationen in all deiner Liebe erfassen zu können, und wenn du dich annimmst in all deiner Liebe, in deinem Hoffen, Begehren, Wünschen und letzte Programme in deiner Liebe erlöst, um frei deinen Weg zu beschreiten, dann spürst du in deiner Liebe für das Ganze, dass alles möglich ist, und mit der Gewissheit um deine Schöpferfähigkeit ziehst du durch deine liebevolle Anteilnahme liebevolle Situationen in dein Leben, die dir wiederum helfen, dein Lebensglück lichtvoll zu bewirken.

Du handelst in Liebe, Liebe ist da, Saat und Ernte.

Wir sind in unserer Liebe frei, das dürfen wir erfassen und in dieser Freiheit füreinander ist es der liebevolle Ton, der uns zusammenführt, die liebevolle Begebenheit, die liebevollen Situationen, die sich ereignen, wenn wir im Resonanzfeld der Liebe miteinander korrespondieren/kommunizieren.

Diese innere wie äußere Entsprechung, mit uns und der Welt in liebevollstem Einklang zu sein, lässt uns auf das Wesentliche im Leben achten, den Ton in unserer Liebe füreinander zu erheben.

Wir gestalten in unserer Liebe und durch die Gestaltung erheben wir unser Dasein in eine wirklich liebevolle und daher höhere Daseins- wie Evolutionsstufe.

Wir entwickeln uns in unserer Liebe.

73. Tag

Den liebevollen Reichtum
unserer Schöpferkraft erfahren

Wir sind Schöpfer, daran dürfen wir uns erinnern.

In der Unendlichkeit ist es dein Licht und dieses Licht ist mit Schöpferkräften gesegnet. Mit einer Liebe für das Ganze, die in deinen höheren Körpern pulsiert und in deinem physischen Körper, durch deinen physischen Körper, durch den pulsierenden Rhythmus, durch die Lichtessenz trägst du mit deinem offenen Herzen zum liebevollen, reinen und erfüllten Herzen in der Welt bei. Trägst du durch dein offenes Herz zur Höherschwingung aller Menschen in Liebe bei.

Stell dir vor, du könntest schöpfen, stell dir vor, du bist mit Schöpfergaben gesegnet. Stell dir vor, du bist SchöpferIn. Stell dir vor, du bist mit Schöpferkräften begabt und aus dem Raum der Unendlichkeit bringst du deine liebevolle Schöpfung in die Welt. Atmest sie. Verbindest dich mit ihr. Fühlst sie, wie sie sich anfühlt. Atmest sie in die Welt. Sie ist da, durch dich geschaffen/geboren.

Stell dir die Schöpferkräfte vor, wie wir aus unserer Liebe erschaffen. Aus unserem Vermögen heraus Schönes in die Welt atmen.

Du stellst dir vor in deiner Imagination, wie es ist, fühlst es, nimmst es an in deiner Liebe für all das, was ist. Bringst die Schöpfung hervor.

Fühle Dinge aus deiner Liebe, sieh, wie Liebe in die Schöpfung fließt, wie du liebst, wie du eins bist mit ihr. In dieser Liebe fühlen wir Einheit, Verbundenheit mit der Welt, Treue. Du fühlst deine Liebe und atmest aus deiner Fülle Liebe in die Welt. Du siehst die Schöpfung, fühlst sie. Durch deine Liebe verleihst du ihr Kraft, Segen.

Als Beispiel: Du fokussierst dich auf Geld, auf das Empfangen. Hab das Wohl aller vor Augen, stell dir vor, dass in deiner Liebe ein sehr viel höheres Vermögen vorhanden ist. Dass Geld da ist, sieh es in deiner Liebe. Es ist da. Fühle, wie es ist, sich Dinge leisten zu können, Freude, Wohlwollen, Frieden, wie schön es ist, das höchste Wohl aller vor Augen – geben und dankbar dafür sein zu können. Freude in Liebe schenken zu können. Fühle, wie schön es ist, Wohlstand und Reichtum zu haben. Die Fülle zu feiern, die du lebst. Deine Ziele im Leben verwirklicht zu wissen, mit Blick auf das Wohl von uns allen.

Meine Lebensziele sind erreicht. Danke. Auch dies ist eine Möglichkeit, dich mit der Gewissheit zu verbinden. „Danke, dass ich mein Lebensziel erreicht habe." Und somit das schöne Gefühl wahrnehme, das damit einhergeht. Als Beispiel: Herzen singen zu sehen.

Fühle Dankbarkeit, Freude, fühle Frieden, fühle, wie es ist, Reichtum zu haben. Fühle, wie es ist, dankbar in deinem Leben zu sein. Dankbar zu sein für Fülle, fühle, wie es ist, aus der Fülle zu erschaffen, um deiner Wirklichkeit lichten und erhabenen Ausdruck zu verleihen, eine neue und damit lichtvolle, wunderbare Note zu schenken.

Ich bin die Fülle und der Reichtum, den ich erfahre, ich bin die Freude und die Zuversicht, denn dein Glaube hat dir geholfen, aus der Fülle zu manifestieren, die dir gegeben ist.

Wichtig ist es, dir diesen Reichtum in Liebe zu gewähren, in deiner tiefen Liebe für dich und alles, was ist. Fühle es, ihn zu besitzen, diesen anzunehmen und anzuerkennen. Fühle, wie wichtig es ist, Geld in deinem wunderbaren Leben da sein zu lassen, ein selbstbestimmtes Leben zu führen, und fühle, wie es sich anfühlt, es aus deiner wahren Schöpferkraft zu besitzen.

Du stellst es dir als Realität im jetzigen Moment vor, wie deine Schöpfung bereits real und zur Wirklichkeit geworden ist und im gegenwärtigen Moment durch deine liebevolle Aufmerksamkeit und Achtsamkeit, die gestaltbildenden Kräfte und deine liebevolle Konzentration Gestalt annimmt, respektive dein Wunsch sich bereits verwirklicht hat. Sieh deine reine Absicht, mit der du die Welt erhebst.

Fühle diese Herrlichkeit, deine Schöpfung und deren Verwirklichung.

Es ist deine Schöpfung. Hervorgebracht, um aus deiner Fähigkeit zu schöpfen. Du siehst das Bild, dass du Geld hast, und fühlst das angenehme Gefühl, fühlst das angenehme, schöne Gefühl, fühlst, wie es ist, dir in deiner Liebe jetzt Dinge leisten zu können. Schau dem Geld in die Augen und sieh, was du damit Schönes machen kannst.

Sieh, wie Wunderbares und Kostbares in der Welt entsteht, wie Menschen zu essen und zu trinken haben und wohnen können, Brunnen reinster und höchster Freude in Liebe entstehen.

Es liegt an uns, wie wir Geld verwenden. Ob wir es zum höchsten Wohle aller einsetzen und wie wir dies in Liebe vollbringen. Hier zählt die Absicht.

Mit einer reinen Absicht sehe ich Herzen in Dankbarkeit singen.

Wichtig ist, in deiner Liebe die Schöpfung bereits in Besitz zu nehmen, sie also zu sehen, zu fühlen, sie ist da – im gegenwärtigen Moment durch dich erschaffen, bereits eingetreten und Wirklichkeit.

Sieh glückliche Kinder, den Vater, der in seiner reinen Liebe gibt, und die Mutter, die aus ihrem erleuchteten und wunderbaren Herzen handelt.

Du gibst deine Schöpfung in die Welt. Ziehst sie in deiner Liebe an oder anders erklärt: Das Universum formt aus deinem visuellen Ziel das Ergebnis.

Achte jedoch auf das höchste Wohl aller.

Vertraue darauf, dass sich deine Schöpfung in deiner Liebe für das Ganze verwirklicht.

Einen Wunsch trägst du nah am Herzen – dieses stille Sehnen.

Die Schöpfung vollbringst du jedoch durch deine Schöpferkraft.

Lebendige Vision, Ausdruck deiner Größe, Schaffenskraft und Herrlichkeit in Liebe, eine gottgegebene Gabe.

Fühle die Dankbarkeit, denn ich habe euch nach meinem Bild erschaffen.

Sei dankbar im Herzen für all diese Größe.

So erfährst du die Schöpfung, aus dir hervorgebracht, die du in die Welt atmest. Im heiligen Raum deiner offenbarten Liebe.

So fühlt sie sich an. Du fühlst die Details und die einzigartigen, wunderbarsten Entsprechungen. Kannst diese also bereits spüren und fühlst, was das Ergebnis ist.

Dann schaue sie noch mal an, ist für alles gesorgt?

Ist alles da, was vor Gott dein Herz singen lässt?

Gott schaut stets auf das Ganze, sieh daher die Aspekte, wenn du dir die Möglichkeiten wie bei der Auswahl des Fernsehprogramms vor Augen hältst.

Schalte auf das Programm, das du liebst, wähle es aus und schaue, ob es etwas Besseres, eine bessere Schöpfung gibt, dann ist das im gegenwärtigen Moment die beste Wahl, so schaue dir die Schöpfung an.

Sieh dich in dem manifestierten Reichtum und der Freude.

Es gilt, die Schöpfung in unserer Liebe füreinander zu wählen, die unser Herz wahrlich begeistert und uns hochleben lässt in der sichtbaren Freude unserer höchsten Wahl.

Hier sind wir bei dem Gedankengut, groß zu denken, vor allem jedoch das schönere und erhabenere Gefühl für unsere Schöpfung, die wir lieben, zu erfassen.

Was begeistert uns derart, dass wir diese liebevolle Schöpfung in der

Liebe für das Ganze annehmen und damit zum höchsten Wohl von uns allen in die Welt atmen?

Stell dir dazu ein weißes Blatt Papier vor, auf dem die Konturen deiner Schöpfung sichtbar werden, Gestalt annehmen und dass du mit deiner Verbindung zur Schöpfung in akkuraten Einklang gelangst.

So lange, bis du es aus ganzem Herzen fühlst, diese Schöpfung in Liebe bekommen zu haben.

Du darfst es in Liebe sein, um es zu werden, und erst wenn du für dich das Gefühl hast, die Schöpfung in deiner liebevollen Art und Weise und mit der Umhüllung deiner Gefühle empfangen zu haben, das Ergebnis zu fühlen, ist es an dir, diese in die Welt zu atmen.

Ich bin reich und erfolgreich, als Grundsatz. Ich gewähre mir Reichtum. Ich bin reich. Ich bin erfolgreich. Solche Glaubenssätze/Glaubensüberzeugungen helfen dir, die Realität wahr werden zu lassen.

Fühle den Reichtum und die erhabene, wunderbare Fülle.

Lass Liebe da sein und fühle die Verbindung zu deiner Schöpfung, wie sie aus der Quelle durch dich hervorgebracht und genährt ist, durch dein Licht, durch deine Überzeugung.

Sie ist (d)ein geistiges Kind, durch deine Intention und Absicht gelenkt, durch deine wahre und wirkliche, authentische, wunderbare, hingebungsvolle und reine Liebe geboren. Sieh den Rhythmus deiner Liebe atmen und das pulsierende Herz, fühle die reine Absicht und umhülle dich mit dem Gefühl, fühle deine Schöpfung, Dagoberts Geldspeicher, die Sterntaler, den Reichtum auf allen Ebenen. Geld möchte fließen.

Lass liebevollen Reichtum aus deiner wirklichen Liebe und Gestaltungsfähigkeit in all deiner Liebe in die Schöpfung fließen und fühle, wie es sich in deiner wahren, reinen Liebe anfühlt, Geld zu besitzen.

Wie Herzen pulsieren in der Liebe, mit der wir erschaffen.

Wie Geld, Wohlstand und Reichtum, die finanzielle Fülle, wie tägliches Essen und Trinken zur erhabenen und herrlichen Realität geworden sind, wie Obdach und sexuelle Erfüllung wahr wurden.

Wie wir leben.

Wie deine Liebe in der Welt resoniert.

Fühle den Schlussstein der Pyramide, der du bist, wie sich die Kraft konzentriert, indem du dich fokussierst, fokussiert bist, wie deine Aufmerksamkeit in deiner Liebe und Achtsamkeit Wunder bewirkt und wie dir die Ahnen dabei helfen.

Fühle, wie sich das Ergebnis auf deinem Bankkonto bemerkbar

macht, wie regemäßige Zahlungseingänge deine Beiträge in aller Liebe honorieren, wie durch deinen Bewusstseinsbeitrag das Bewusstsein in der Welt zunimmt und steigt, wie deine Taschen gefüllt sind und wie die Liebe wächst.

Wie Geld bei den Glücklichen und Glückseligen ist, bei den Erfüllten, weil es dich erfüllt, was du machst, weil du liebst, was du tust.

Weil du dir deiner Einheit vollkommen bewusst bist, der Einheit, in der du aus deiner Fülle gibst.

In der du dir gibst, deine Erfüllung in Liebe säst, dir Liebe zusprichst und zukommen lässt, in Dankbarkeit und erfüllter Gnade.

In Liebe und der Verbindung mit der göttlichen goldenen Quelle.

Es ist dieser Überfluss, aus dem wir schöpfen, und mit der Anwendung deiner Willenskraft – „Ich bin reich und erfolgreich auf allen Ebenen" – erfüllen sich deiner Wortwahl entsprechend deine kostbaren und lichtvollen Lebensbereiche.

So viel zu deiner Ausrichtung.

Lasse Gedanken, Worte und Werke eins sein und erlaube dir Gedanken zu denken, die dich reich sein lassen und damit erfolgreich, erlaube dir, diese Worte zu sprechen: „Ich bin ein/e weise/r und wohlhabende/r Frau/Mann." Oder: „Ich bin erfolgreich und in meiner Liebe für das Ganze liebe ich es, meinen Reichtum zu teilen." Lasse daher deine Werke als sichtbaren Ausdruck deiner Gedanken und Worte Gestalt in der Realität annehmen.

Das Universum richtet sich danach/wird sich danach richten.

Deine Schöpfung ist wie eine kleine Pflanze, deren Samen du gesät hast, nähre sie und lass sie wachsen durch deine Liebe. Sieh jedoch ihre wahre, unendliche Größe.

Es gibt eine Geschichte, in der die Schöpfung zum Schöpfer „heimkehrt", um diesen am Reichtum der Erfahrung in aller Liebe teilhaben zu lassen, und hier sehe ich einen geistigen Tropfen, der ins Meer des Bewusstseins, in den Ozean der Schöpfung tropft, um diesen durch deinen Reichtum zu erweitern.

Wenn wir nun die alte Welt mit der neuen verbinden in unserer reinen Absicht, kommen unsere Gefühle zu einer HOCHzeit unserer liebevollen Vereinigung, zu einem wahren Schöpfungsakt der himmlischsten Entsprechung hervor. Ein weiteres Beispiel der großen Harmonie, in die du deine Schöpfung bettest.

Diesen Balanceakt kennen wir aus verschiedenen Ebenen, während wir in unserer Liebe Wunder vollbringen.

Bekunde deine Absicht während der Schöpfung und deine Schöpfung wird genau dies zu leisten vermögen in deiner Liebe für das Ganze, für die Schöpfung und die Welt.

Handle jedoch bereits im Einklang mit dieser Schöpfung auf Körperebene. Wisse, dass der Samen gesät ist und in deiner Liebe auf bestelltem Boden, auf dem Boden deines Bewusstseins aufgeht.

Das Bewusstsein anderer mag hier Unterschiede aufweisen, der Selbstwert jedoch – „Ich bin es wert" – ist ein ebenso entscheidender Faktor wie der Dienst am Nächsten, der uns in unserer Liebe füreinander zum höchsten Wohle aller Fülle beschert.

Das Reichtumsbewusstsein – „Ich bin reich, ich bin wohlhabend, bin mir meines Reichtums, meines Wertes bewusst" – beinhaltet Selbstbewusstsein wie auch Selbstvertrauen. „Ich glaube an mich, ich vertraue mir und ich säe Samen der Liebe und weiß, dass sie auf meinem bestellten Boden, weil ich mich liebe, aufgehen."

Wir säen Früchte der Liebe, die in unserer Liebe zueinander wachsen.

Die finanzielle Fülle trägt den Wert deiner Ware in sich, erkenne daher deinen Wert, sei es in der Vollbringung einer Dienstleistung oder bei einer produzierten Ware.

Der Wert deiner Arbeit ermisst sich am Gesundheitswert, am Wert deiner Gesundheit und des Vollbrachten und an der Höherschwingung, die in aller Liebe erreicht wurde.

Unsere Fähigkeiten einfließen zu lassen, vor allem, da es miteinander leichter ist, beinhaltet unser höchstes Potenzial.

Ein freudiges Herz zieht freudige Ereignisse an.

Durch liebevolle Produkte, die wir kreieren, und das Wissen um unsere Verbundenheit, die wir haben, erzeugen wir ein Reichtumsbewusstsein, das uns erhebt in Liebe.

Dir ist klar, dass der andere Teil des Selbst ist und auf seiner Reise, ebenso wie du, ankommt.

Existenzielle Sicherheit erwerben wir durch wahre, authentische Liebe und unseren inneren Reichtum.

Sieh dich in dem Reichtum, sieh dich in dem Reichtum baden, wie dein Konto sich füllt und wächst und an Größe und Ausdruckskraft gewinnt. Sieh dich in der Gewissheit, deinen liebevollen Reichtum an Kraft gewinnen und an Stärke zulegen zu sehen.

Fühle die Freude, die wir schenken, wenn wir Reichtum leben, wenn wir den Reichtum unserer Herzen singen hören. Fühle dich in dem Reichtum, wie dein und mein Glück unser Reichtum ist. Wie wir aus unserer Liebe Liebe in die Welt bringen. Wie dein Reichtum Herzen beglückt.

Erlaube dir Fülle im Leben und sieh, wie dein Konto überfließt, wie der Geldstrom dich erreicht, die Zuflüsse in das Meer deines Kontos fließen.

Verbinde dich in deiner Liebe mit der Zukunft, wie ein liebevolles Leben für dich vorgesehen ist. Wie Reichtum dich mit dem Höchsten verbindet und dir deine Schätze offenbar sein lässt.

Wie dein Konto Überfluss aufweist und dein Reichtum auf allen Ebenen Freude erzeugt.

Wie Reichtum und Fülle in dein Leben fließen, weil du die Resonanzen hierzu hergestellt hast, weil du dich in Resonanz gebracht hast, weil du SchöpferIn bist.

Sieh also, wie du dich in Fülle erfährst und aus dieser Fülle handelst, wie du Kindern Geschenke bereitest, die sie erfreuen. Wie dein Bankkonto anwächst, wie dein Vermögen wächst, wie deine Freude zum Leuchten anderer beiträgt, wie unsere Freude die Welt in all unserer Liebe erhebt.

Wie Menschen durch deine Gaben Freude in ihrer Liebe füreinander haben und wie unser Reichtum wächst in der Schaffenskraft unserer Herzensfreude und -liebe.

Es ist deine Absicht, die Reines bewirkt. Freudvolles, das Freude sät. Liebevolles, durch das du einen Geldfluss herstellst zu den Dingen, die du liebst und die auch andere lieben.

Sieh dich in dem Reichtum und erfreue dich an ihm, Geld, Reichtum, Wohlstand und Fülle sind da, du handelst aus diesen, sieh, wie du lebst und aus deiner Fülle gibst, wie sie Herzen erfreut und wir aus unserer wahrhaftigen Liebe handeln – vergegenwärtige es dir, halte als SchöpferIn die Gewissheit hoch, schöpfen zu können, und sieh dir die Schöpfung an.

Sieh dein Vermögen, mit dem du in Resonanz bist, den himmlischen Klang, die Klangstruktur, die du ermöglichst und in der Welt anstimmst. Sieh, wie diese Schwingung das Helle, Hohe und Heilige in den Menschen weckt.

Sieh, wie dein Vermögen wächst, in Liebe zu handeln, aus deiner Liebe zu handeln und in Fülle zu sein. Ich bin die finanzielle Fülle und das Vermögen, ich bade in Geld und ich lasse Geld da sein. Aus meiner bedingungslosen Liebe lasse ich Geld in mein Leben fließen, um Herzen Wege zu ermöglichen.

Um in unserer Liebe Liebe singen zu sehen, um unseren Schatz und damit unser Vermächtnis ins Leben zu bringen, um in einer liebevollen Welt zu sein und zu leben, um in unserer Liebe und Befähigung auf das goldene Zeitalter zu verweisen und um in unserer Liebe füreinander, im Licht unserer Liebe, in einer Welt zu leben, in der wir Herzen resonieren sehen, aus der Natürlichkeit geben und in Liebe erheben, in unsere gottgegebene Fähigkeit.

Ich lasse Geld da sein. Mein Bankkonto ist stets voll und ich lebe im Reichtum. Ich lasse Geld in meiner Liebe für das Ganze da sein, ich lasse Geld in Liebe da sein, ich lasse Reichtum da sein. Mein Konto ist stets voll, ich lebe in Wohlstand und Fülle. Ich lebe im Reichtum und bin glücklich. Danke.

Ich bin reich und ziehe Reichtum an. Mein Bankkonto ist stets voll. Ich lebe im Reichtum. Fühle die Dankbarkeit und ziehe wunderbare, herrliche Erlebnisse an.

Wir verwirklichen in unserem Resonanzfeld unsere Liebe. Ich bin reich und erfolgreich und mein Konto ist stets voll. Für eine Welt in Liebe, für singende Herzen in aller Liebe und den Weltfrieden.

Sieh Geld als Hilfsmittel in einer materiellen Welt, in der wir Dinge miteinander tauschen. Diese materielle Welt mit deiner spirituellen Dimension zu verbinden, erreichst du über die spirituelle Verbundenheit, über die Sicht auf deine Schätze und die Verbindung mit der Quelle.

Diese Quelle in dir, als Maß aller Möglichkeit, erinnert dich an das göttliche Licht, an das göttliche Zuhause, an das Licht deiner Seelenflamme, mit der du die Welt in deiner Liebe erhellst.

Dieses Licht und die finanzielle Fülle zusammenzubringen, erhebt dich auf eine neue Stufe deiner Entwicklungsleiter, indem du den Mehrwert siehst, Erheben ins Göttliche, und Menschen an den Ursprung erinnerst, an das Licht, das wir in uns tragen und das uns auf unserem Weg begleitet.

So ist dieses Licht Entwicklungsmotor und ausbalancierende, stabilisierende Hilfe, die uns Gott gewährt als Möglichkeit zur Vervollkommnung, während wir auf eine neue Erde in unserer Liebe und auf einen neuen Himmel in unserer wahrhaftigen und wirklich reinen Liebe füreinander sehen.

So ist sein Licht in der Ewigkeit begründet, in der Ewigkeit unserer Vollkommenheit.

Wir können uns weiterentwickeln in unserer Liebe, um einen liebevollen Umgang zu pflegen und damit aus der Quelle zu geben in eine liebevolle Welt, die wir mit ganzem und reinem Herzen erheben. So ist dein Licht ein Garant der liebevollen Quelle, mit dem Göttlichen im Einklang sein zu können und durch deine Hilfe andere an ihr wahres Vermögen zu erinnern.

Die finanzielle Fülle, über dieses Vermögen verfügen zu können, lässt uns auf Entwicklungsmöglichkeiten sehen, die in unserer Liebe füreinander ihren Ausdruck finden.

So ist es dein Licht und der Glaube an dich, der auf fruchtbarem Boden die Tugenden deiner Glückseligkeit in Schwingung versetzt, der das Alte auf dem gegenüberliegenden Pol durch sein Herz in das Vermögen liebt.

In die Fülle und den Reichtum, den Wohlstand und die Freude, die Leichtigkeit und die Hoffnung, die Zuversicht und das Leben und die Liebe, die Teilnahme am Leben und in den allergrößten Reichtum deiner reinen Freude, in den Magnet deiner Freude und damit in deine Glückseligkeit.

Du bist der Steuermann, Kapitän deiner Seele, das Licht in der Welt.

Du wirst gesehen in deinem Licht, vor dem Ganzen, in deiner Liebe.

Ich bin reich und erfolgreich und ich weiß, dass ich in meiner Liebe für das Ganze Wunder zu vollbringen vermag.

Ich bin seine Tochter/sein Sohn und dies gibt mir Gewissheit, aus den unerschöpflichen, grenzenlosen und grandiosen Quellen meines Reichtums zu erschaffen, und dafür danke ich in aller Liebe zum höchsten Wohle aller aus ganzem Herzen und in voller Freude.

Du manifestierst aus dem Nicht-Manifesten in das Manifeste, aus dem grenzenlosen Raum in die Schöpfung, aus dem, wo noch nichts ist, in das Wesentliche und damit in deine Liebe.

Du bist die/der GestalterIn und aus deiner reinen Absicht, aus der du handelst, hast du am besten das Wohl aller vor Augen, formst du in deiner Liebe das Wesen.

Aus deinem unendlichen und grenzenlosen Reichtum heraus, aus dem Potenzial aller Möglichkeiten erschaffst du im Hinblick auf deine Absicht – „Ich bin reich, in Liebe bin ich reich und erfolgreich, in Liebe lebe ich im dankbaren Überfluss und Reichtum" – ein unendliches Feld deiner Freude, deiner Liebe, umhüllst dich mit dem Gefühl „Ich bin reich und sehr erfolgreich", fühlst deinen Reichtum, bist dankbar und manifestierst durch deine Konzentration, die du in aller Liebe aufrechterhältst, deine Schöpfung in die Welt.

„Ich bin reich und erfolgreich und ich ziehe in meiner Liebe jetzt

Reichtum an." Glaube an deinen Erfolg in deiner Liebe und manifestiere aus deiner Glaubensüberzeugung.

Sieh dich in dem Reichtum, in der Frequenz des Reichtums, wie dein Konto stets gefüllt ist, und sieh, wie viel Freude es dir bereitet und wie dein Reichtum in aller Liebe zum Reichtum anderer beiträgt, fühle deine Handlungsfähigkeit und wie wunderbar und herrlich es ist, SchöpferIn deines Lebens zu sein.

Glaube an dich und diese Fähigkeit.

Halte die Konzentration in deinem Inneren so lange aufrecht, bis du das Gefühl in deiner Liebe für das Ganze hast, deine Schöpfung in aller Liebe empfangen zu haben. Schaue sie an und segne sie. Fühle deinen Reichtum auf allen Ebenen und Dimensionen. Sieh deine Freude und die Begeisterung und fühle die Schöpfung.

Fühle sie und dann atme sie in deiner Liebe für das Ganze in die Welt.

Es ist vollbracht.

Sei dankbar.

Halte die Aufmerksamkeit so lange aufrecht, bis du das Gefühl hast, es ist vollbracht. Das noch als Anmerkung.

So ist Geld in all deiner manifestierten und „verursachten" Liebe da. Verfüge darüber, du kannst es jetzt in Liebe einsetzen, in aller Liebe verwenden und in all deiner Freude ausgeben. Für eine Welt in Liebe, die wir aus ganzem Herzen lieben, die du aus ganzem Herzen liebst und in der du in Liebe bist, Liebe vollbringst und in Liebe lebst.

Dein Magnet zieht an. Du hast dich in den Bereich des Reichtums begeben. So ziehst du Reichtum an und mit jedem wunderbaren Gedanken erhebst du dich in das Bewusstsein deiner Herzensfreude, in die Liebe und das, was du der Welt zu geben hast. Du wächst in die Liebe deiner Wahl, in das Licht deiner Tugend, in die Schöpferfreude, in manifestiertes Glück und schließlich in deine eigene Ermächtigung, in die reine Glückseligkeit und damit in das Zentrum immerwährender Liebe.

Im Bereich des Nicht-Manifesten bist du mit der Schöpfung verbunden, mit der Intelligenz, und ähnlich wie Eltern und ihre Kinder diese Verbindung haben, zeugt deine Schöpfung, mit der du den Geldaspekt, welcher der Handelserleichterung diente, davon, dein Herz für die Welt zu öffnen in Liebe.

Bei mir sieht das so aus: Ich verkaufe Bücher, die Menschen begeistern. Halte Vorträge, die Menschen erheben. Reise und sehe mein Herz in aller Liebe singen. Habe die wunderbarste Partnerin an meiner Seite. Bin zutiefst dankbar für die Wunder, die geschehen, die ich erlebe. Empfange das Geld in Liebe dankbar und den Reichtum und lasse ihn in wunderbare Projekte fließen. Erhebe das Geld auf eine wunderbare und herrliche Stufe, wo es Liebe, Freude und Leichtigkeit schenkt. Erhebe die Dankbarkeit in das Licht. In das Licht unserer Glückseligkeit, in der wir voller Freude singen.

Gott ist in dir, in deiner Liebe für das Ganze, und wenn dein Herz singt, sei gewiss, seines singt in der Verbundenheit mit dir.

So sehe ich zwei Aspekte: die Schöpfung, deinen Reichtum, den du manifestierst, in deiner Liebe und dich als SchöpferIn, der/die auf einzigartige Weise Wundervolles vollbringt, im Sinne des Schöpfers Herrliches manifestiert.

Erhaben leuchtet dein Licht und lässt dich deine wahre Größe fühlen.

Fühle den Reichtum, dessen Zentrum du bist, du ziehst diesen Reichtum und die Fülle an. Fühle den Kontostand, der deiner wahrhaftigen Größe entspricht, und fühle, wie großartig du bist. Wie Gott dich gedacht hat in seiner Liebe und fühle die Liebe deiner Eltern, die dein großartiges Licht zum Herzen erhoben und dein Licht strahlen sehen.

Fühle es, wie es ist, die reichste Person der Welt zu sein, du schöpfst aus deinem unendlichen Reichtum und lässt die Sterne funkeln. Bist jetzt durch deinen Willen auf die Frequenz des Reichtums eingestellt, empfängst ihn, badest in ihm, genießt es und es bereitet dir sichtlich Freude. Nähre das reiche Denken, den Glauben an dich und dein einzigartiges Potenzial, sieh die Qualität deiner Arbeit, deiner Liebe und erfasse den Sinn deiner lichtvollen Gegenwart in der Welt.

Es ist deine Liebe im Hinblick auf den Lebensatem, den Rhythmus und Puls, die dich mit anderen verbindet im Wir, das uns eint, die dich in das erhabene Sein geleitet und dich die Würde deiner unendlich reichen Schöpferkraft erfahren lässt.

Sie erhebt dich in deine absolute Größe, in das kreative Potenzial deiner Meisterschaft, in die lichtvolle und herrliche Präsenz göttlicher Gegenwart.

In das lichtvolle Strahlen, die Herzresonanz und Herzensliebe, die Aufmerksamkeit auf das Gute, da der andere ein Teil von dir ist, dessen positive Seite du zu erfassen vermagst, während du die Alleinheit besser erkennst, die dein Wesen im ursprünglichen Sinn ausmacht.

Du bist die Sonne im Leben, der Mittelpunkt ewiger Verbundenheit und Strahlkraft, der das Universum erhellt, die Intelligenz beseelt und die Liebe beheimatet, während wir in Liebe leben.

Als SchöpferIn bist du in deiner Liebe natürlich souverän.

Reichtum erreichen wir durch inneren Reichtum und mit deiner Ausrichtung als SchöpferIn schöpfst du natürlich aus deinem heiligen, schöpferischen Potenzial.

Dein Potenzial eröffnet die Möglichkeit für Synergie, für die Bildung einer herrlichen Synthese.

Werte dienen als Leitplanken zur Orientierung und finanzieller Reichtum dient als Lebensbasis, vor allem der sozialen Bildung, der Anhebung der Lebensenergie und des sozialen Klimas.

Aus unseren Tugenden, aus dem, was uns ausmacht, aus unserem Energiefeld, aus dem, was uns Lebendigkeit verleiht, zu schöpfen und unsere Talente einzubringen, lässt uns in Liebe sein.

Aus unserem unendlichen Reichtum zu schaffen und Vermögenswerte zu bilden, lässt uns aufsehen zu unserer wahren Größe und zu dem unendlichen, grandiosen Schöpferreichtum, der in uns in Liebe angelegt ist.

Auf Basis dieses unendlichen Reichtums erschaffen wir, aus dem Portal ewiger Freude und Jugend, der Glückseligkeit.

Du prägst deine Schöpfung, unabhängig von den äußeren Umständen, mit deiner Willenskraft in die Schöpfung, indem du dem formlosen Fluidum, nach deinem Willen erschaffen, nach deinem Bilde Form verleihst.

Frage dich hierzu: Wie will ich es haben? Schaue dir deine Lebensbereiche im Hinblick auf die Fülle an, aus der wir in unserer Klarheit schöpfen. Projiziere deine Vorstellung in das ätherische Feld, in die schöpferische Blaupause und hier geht es um deinen Glauben, glaube an deine Schöpfung und gib ihr mit deiner Aufmerksamkeit Kraft, die Freude aus deiner Schöpfung und Energie.

Es ist die Schönheit, die wir aus dem Innen in Liebe vollbringen. Wir gestalten aus dem Inneren in das Außen.

Aus der Intelligenz, dem Überfluss und dem unendlichen Potenzial, aus der Heiligkeit, dem Schöpferreichtum und Schöpfervermögen in das Leben, in das Hier und Jetzt.

Ich bin reich, erfolgreich und sehr dankbar, auf allen Ebenen und in allen Dimensionen in Fülle, Reichtum und Überfluss, in Wohlstand und Glückseligkeit zu leben.

Danke von ganzem Herzen.

Die Vermehrung auf allen Ebenen des Lebens lässt die Weiterentwicklung und den Fortschritt durch dich erkennen, den du durch deine sichtbar gemachte Liebe in das Herz des Lebens und damit in das Herzresonanzfeld webst.

Es gilt, die reine Absicht bei deinen Werken zu stärken und durch dein fokussiertes und konzentriertes Klarsein das Bild vor Augen zu haben, Reichtum für alle in deiner Liebe für das Ganze zu bewirken und das Gedachte mit deinem Willen und dem Glauben an deine Schöpfung in die formlose Substanz einzuprägen, die das Universum vollumfänglich informiert.

Du kannst sogar in die Schöpfung eintreten, dich in deiner eigenen Schöpfung erfahren, den Reichtum fühlen, und so wie wir Regen durch das Gefühl, im nassen Matsch zu tanzen, herbeifühlen können, so kannst auch du in deiner Liebe deinen wahrhaftigen Traum zur Wirklichkeit werden lassen.

Wir gestalten in unserer Liebe und in unserer Liebe werden unsere Träume wahr.

Träume, die wir zur Wirklichkeit erheben, zur realen Vision, zum geistigen Abbild, das wir in all unserer Kraft, Konzentration und Freude im Leben verwirklichen.

Reichtum ist auf allen Ebenen da, den wir in unserer Liebe manifestieren.

Indem wir uns darauf konzentrieren.

Den starken Glauben und die Willenskraft einsetzen.

Das Ergebnis zentral vor unserem geistigen Auge haben, den Schöpfungsgedanken in die formlose Substanz prägen, die aus dem Überfluss zu uns fließt und die in alles fließt. Dies geschieht durch deine fokussierte und klare Aufmerksamkeit. Somit kannst du die Schöpfung in Liebe vollenden und deinen Reichtum zur Schöpfung beitragen.

Du bringst Reichtum in die Welt, glückliche und strahlende Gesichter. Danke für die Liebe, die wir erfahren, und den Reichtum auf allen Ebenen. Danke für den Überfluss und das liebevolle Vermehren auf allen Ebenen.

Stelle dir das, worauf du ausgerichtet bist, stelle dir deine Intention mit all deinen Sinnen vor, das Wohl aller, als wäre das bereits eingetreten.

Du bist die Schöpferin, der Schöpfer. Die Göttin, der Gott.

Du erschaffst damit die Wirklichkeit.

Eine reiche Welt, in der wir in Liebe leben.

Weltenerbauer, Weltenerschaffer, Weltenschöpfer mit der ästhetischen Kraft zu schöpfen.

Du erschaffst die Wirklichkeit in deiner Herrlichkeit.

Du bist die Sonne für das Leben, der lichtvolle Gral für die Schöpfung, das heilige Wasser, die Heimat der lichtvollsten und erhabensten Seelen, Quelle höchster Liebe, der Hoffnung und des liebevollen Beistandes, der Brunnen der Unendlichkeit, ewiger Schöpferkraft, der Herrlichkeit und wahren, authentischen, würdevollen Liebe.

Du bist das Licht. Das Licht leuchtet durch dich.

Du benötigst ein klares Zielvorhaben, ein klares Zielbild, um dieses mit deinen Gefühlen zu erfüllen, um so in die nötige Präsenz und Ausstrahlung zu kommen und dein gewünschtes Ergebnis zu realisieren.

Das Gefühl bringt deinem Leben Farbe und deiner Schöpfung Sinn, gestalte daher in Liebe und lass deine Herzenergie in all deiner Liebe fließen.

Wie will ich sein?

Und wer will ich sein?

Wie will ich mich fühlen und wie handle und manage ich das Ganze?

Wir können alles sein in unserer Liebe, was verleiht deinem Leben Sinn, was erfüllt dich und was lässt dich glückselig sein?

Elektrisch, magnetisch, Mann, Frau, linke und rechte Gehirnhälfte, Form, Struktur und Inhalt, die Liebe bereitet dir höchste Freude.

Zunächst ist die Zielklarheit sehr wichtig und die lautet hier Reichtum, um beim Geld zu bleiben, finanzieller Reichtum. „Mir fließt Geld von allen Seiten zu, ich habe immer mehr, als ich brauche, und mir geht es mit jedem Tag immer besser und besser, in jeglicher Hinsicht geht es mir immer besser und besser." Und jetzt fühle diese Gedanken, spüre, wie es sich anfühlt, reich zu sein, begib dich also in deine Vorstellung/Imagination und fühle es richtig, fühle Freude und deine Gedanken dazu, fühle Leichtigkeit und Liebe und fühle, wie schön es ist, fühle die Dankbarkeit, die Erleichterung, Glückseligkeit, fühle und erfülle deine Schöpfung, halte deinen Glauben hoch und wisse, dass du der lichtvolle Gral der Schöpfung bist, erkenne deinen Wert, wie wertvoll du bist, wie wunderbar und einzigartig, und erlaube dir, deine Schöpfung zu lieben.

Du bist das Kind der Liebe, das Universum größtmöglicher Freude.

Das ist dein wunderbarer Dauerauftrag, wenn du das willst.

Glaubensstrukturen, die dich kleinhalten, lasse bitte hinter dir und erlöse dich in aller Liebe.

Lass also das Alte gehen, lasse es los, um das Neue in Liebe zu empfangen, und sieh, wie der Reichtum auf allen Ebenen dich jetzt erfüllt und Einzug hält.

Danke in Liebe für deine wunderbare, geniale, herrliche Schöpfung.

Danke für die Fülle und den Überfluss auf allen Ebenen. Halte den Glauben hoch. Du hast es erschaffen, du bringst es voran und mit jedem neuen, wunderbaren Tag ziehst du deine Schöpfung in deiner vollkommenen, wahren, reinen Liebe an.

Du bist es, der dies vollbringt in deiner Liebe für das Ganze.

Geld ist ein Austausch, Motor für die neue Zeit, in der wir uns in Liebe geben und in der wir in Liebe leben und uns dankbar und voller Freude erheben.

Geld ist wunderbar, beginne, es zu lieben aus ganzem Herzen.

Es dient dir, erschaffe daher einen Wert aus ganzem Herzen, eine wunderbare Wertschöpfung, wie der Name dies schon sagt, welche der Gesellschaft dient, und sie erhebt auf ganzer Linie in all deiner Liebe.

Geld möchte fließen, gib dieser Energie daher die Möglichkeit, dies zu können.

Erschaffe Wert auf allen Ebenen deines/des Seins.

Ein System, in dem das Geld durch deine liebevolle Absicht zirkulieren und dem Wohl aller wunderbar dienen kann.

Ich lebe im Reichtum, danke. Ich bin reich und lebe im finanziellen Reichtum und Überfluss. Danke für den Reichtum auf allen Ebenen und den schöpferischen Überfluss. Danke für den Reichtum auf allen Ebenen in Liebe.

Investiere in dein Reichtumsbewusstsein und sieh die finanzielle Fülle und den Überfluss, die du aus dem schöpferischen Denken, aus der universellen Intelligenz, aus dem denkenden Stoff, aus der intelligenten Substanz in das Leben fließen lässt. Lass das Armutsbewusstsein bitte weit hinter dir, sondern lass uns ein Leben erschaffen, das wir lieben, das wir von ganzem Herzen lieben.

Es gibt keine Grenzen, du errichtest diese ausschließlich in deinem Kopf. Beginne daher bei deinen Schöpfungen mit Dingen, an die du glauben kannst, und erweitere deine Glaubensgrenzen in den schöpferischen Überfluss und in die Fülle hinein.

Wir können gestalten in unserer Liebe und jenseits aller Grenzen erschaffen.

Entzünde Feuer der Liebe, die ein Herzresonanzfeld weben und die Welt in Liebe erheben.

Übe dich in Disziplin und erhebe dich in die reiche Struktur deiner Selbstliebe und Selbstakzeptanz, frage dein Herz in wahrer Liebe: Warum bin ich hier?

Warum hier in dieser Welt?

Was wolltest du beitragen oder war es ein Anliegen, das dich bewegt und andere?

Um welchen Preis?

Du gibst dich hin, erfährst dich in deiner wahren, reinen Struktur, in der Liebe deiner Ahnen, der lichtvollen Essenz und Hoffnungskultur.

Du bist das ewige Licht.

Erinnere dich.

Sei dir in deiner Manifestation klar. Was beabsichtigst du? Und dann fühle die Leichtigkeit und Liebe. Bringe es durch dich in die Welt. Atme es aus und es ist in deiner Liebe da.

Für mich ist es ein wunderbares Zeichen, wenn ich es durch alle Ebenen atmen kann, weil ich dann weiß, dass das Universum, respektive die Schöpfung meine Schöpfung annahm.

Du fühlst es also und über deine Hand hauchst du der Schöpfung den liebevollen Atem deiner Schöpfung ein.

Du platzierst diese im Universum, im göttlichen Strom universeller Liebe.

Du bist der/die SchöpferIn und hältst diese durch deine Liebe aufrecht, bringst sie erst durch deine Liebe in die Welt.

Danke daher für all deine Liebe.

Wenige Minuten nachdem ich dieses Reichtumsrezept für uns alle aus ganzem Herzen schrieb und fertigstellte, kam schon der erste Anruf: „Ich bin gerade ganz in deiner Nähe, hatte einen Auftritt und bringe dir 50 Euro vorbei, bevor ich sie dir mit der Post schicke."

Sei also offen für deine herrliche, wunderbare und liebevolle Schöpfung, freue dich aus ganzem Herzen und sieh, wie deine Schöpfung Früchte trägt.

Beim Geld geht es darum, Freude zu vermehren und Liebe in die Welt zu bringen. Danke in Liebe zum höchsten Wohle aller für all unsere Liebe.

74. Tag

In unserer wahren, reinen Liebe erheben wir

Unsere Liebe füreinander erfassen.

Unsere wahre, reine Entwicklung in unsere Größe.

Unsere Liebe füreinander erkennen, atmen, in unserer Liebe frei sein, genießen, deine Göttlichkeit erkennen.

In unserer wahren, reinen Liebe füreinander unsere Größe zu erkennen, ist wohl das wunderbarste Geschenk, das wir uns machen. Liebe zu sehen, unsere Größe zu sehen und uns in dieser, durch diese an die wahre Größe zu erinnern.

Wenn wir unsere Quelle bewusst öffnen, Liebe füreinander fließen lassen, damit unserem Organismus die Möglichkeit geben, sich im Licht unserer Liebe durch den heiligen Austausch an seine wahre Größe zu erinnern, erheben wir durch unsere Liebe. Sehen den anderen im Leben und lassen Liebe zu ihm fließen, was Ausdruck und damit göttliche Offenbarung in der Welt ist, die wir in Liebe füreinander bereiten.

Wenn wir in unserer Liebe erheben, eine liebevolle Welt bereiten, die Quelle in unserer heiligen Ausrichtung füreinander sprudeln sehen und dank dieser Quelle aus unserem unerschöpflichen Reichtum geben,

- erheben wir uns damit selbst und die Welt um uns, weil es glücklich macht,
- gibst du letztlich dir selbst,
- ist in diesem Erheben füreinander unsere wahre, reine Liebe.

Dann sehe ich Herzen glücklich. Wir helfen uns auf dem Weg, das macht glücklich. Wir erheben und in unserem Erheben ist unser Segen.

Wenn wir das Bewusstsein heben, wahre Liebe da sein lassen, erinnern wir uns an unser Vermögen, das wir in uns haben, an unser Licht, an unseren Schatz, das Wahre, Reine, das wir in uns tragen.

75. Tag

Den Weg in unserer wahrhaftigen
Liebe füreinander beschreiten

Deinen Weg in Liebe zu gehen bedeutet: dir klar über deine Ressourcen, dein Vermögen zu sein. Dein Licht in dir zu wissen, dir dieses großen Schatzes in dir bewusst zu sein.

Es ist deine Liebe zu dir, die dich Anstrengungen im Leben meistern lässt. Es ist dein Bewusstsein, das dich bewegt, deine Reise in die Ganzheit, mit allem, was ist, in die wahre Glückseligkeit hineinzugehen.

Auf dieser Reise finden und verbinden sich Menschen, die in der Ausrichtung mit dir das Wahre in sich entdecken, und auf diesem Weg der Herzen erleuchtet, findest du zu dir, zu deiner Bestimmung, zu dem, was in dir angelegt ist.

Es sind Fähigkeiten, Entsprechungen, im Verbund mit anderen die wahre Meisterleistung, die ersichtlich ist, wenn wir mit der vereinten Kraft unserer gottgegebenen Fähigkeit in unserem Miteinander, das wir durch unsere Liebe bewirken, unser wahrlich hohes Gut für die Gesellschaft einbringen.

Wir erheben in Liebe und im sichtbaren Ausdruck unserer Entwicklung finden sich Menschen mit ähnlichen Ausrichtungen in deinem Leben, und wenn wir hier das Ziel in unserer wahren, reinen Liebe vor Augen haben, ein Herzresonanzfeld in unserer wahren, reinen Liebe füreinander zu erschaffen, mit unserer wahren Kraft, die aus unseren Herzen kommt, zu erheben und damit Licht in die Welt zu bringen, unseren Wesenskern zu erkennen und in diesem das Licht von uns allen leuchten zu sehen, dann sind wir angekommen in einer Welt, die wir lieben, die wir wahrhaft lieben aus ganzem Herzen. Eine Welt, in der wir leben, lieben und für die wir aus wahrem, reinem Herzen auf die herrlichste Art und Weise dankbar sind.

76. Tag

Die kosmische Heimat

Noten der Liebe, die in uns klingen, heilige Resonanz und die Entsprechung der Liebe, Urklang, kosmische Harmonie, göttlicher Ton, die göttliche Ordnung in uns, heilige Entsprechung.

Göttlicher Klang der liebevollen Existenz, heilige Note wunderbarer Existenz, Klangbild lichter Tugend, Worte, tragendes Kleid deiner himmlischen Entsprechung, rein wie die Flöte, deren lichter Ton die Stufen der Leichtigkeit in die Ewigkeit führt.

Kongruenz deiner heiligen Entsprechung – wie klingt es in dir, die heilige Note?

Resonanz zum Heiligen in der Welt, innen und außen, oben wie unten, im Kleinen zu sein, Liebe wie in der lichten, liebevollen Vollkommenheit.

Gott ist in dir in deiner Liebe.

Urquelle heiliger Vibration, himmlischer Ton, liebevolle Entsprechung in der Art, wie wir leben, deine Liebe in der Welt, die erhebt, deine Liebe für das Ganze, Struktur deiner Vollkommenheit, Struktur deiner Herrlichkeit im ewigen Licht, das in uns leuchtet. Liebevoller Gral der heiligen Entsprechung und in unserer Liebe füreinander leuchtet die Ewigkeit.

Gott gab uns in unserer Liebe füreinander das Licht in unsere Herzen, um mit unserem wahren, reinen Licht füreinander zu erheben.

Du hast die Liebe in dir.

77. Tag

Gott ist in unserer Liebe

Wenn wir von freier Entwicklung sprechen, wo in unserer Liebe sind wir zu Hause, kommen wir an, wo in unserer Liebe kommen wir an, wenn wir durch unseren liebevollen Beitrag zum liebevollen Beitrag anderer beitragen und das Innen sich im Außen entfaltet?

Wenn wir durch unseren liebevollen Beitrag zum liebevollen Beitrag anderer beitragen?

Wenn wir durch unsere heilige Hingabe andere zu dieser bewegen?

Wenn wir durch unsere Liebe die heilige Schatzkammer in uns öffnen und zu dem Reichtum, den wir in uns haben, Resonanz haben und um die Tatsache wissen, SchöpferIn unseres Lebens zu sein.

Wir wissen, wenn wir uns Dinge vorstellen und in unserer Liebe imaginieren, ein Gefühl dazu haben, als Beispiel nehme ich hier den Frieden, wir wissen, wenn ich mir Frieden vorstelle und imaginiere und fühle, ihn richtig fühle – wie fühlt sich Frieden an? Aktuell im Hier und Jetzt, damit ich ihn in meiner Leichtigkeit, in meiner Liebe, Dankbarkeit und Freude durch meine fokussierte Konzentration und Aufmerksamkeit im Hier und Jetzt manifestiere. Dass ich im Einklang bin mit ihm und dass ich durch meinen Frieden, den ich in mir trage, in einer Resonanz, in einem Resonanzfeld bin wie bei einem Radiosender, mit dem ich mich verbinde.

Ich stell mir also Frieden vor, er ist da, empfangbar. Fühle, wie sich Frieden anfühlt, ein ruhiges Gefühl, Freude, Wahrheit, ein Gefühl der Offenbarung des Göttlichen. Freiheit, ich fühle ebenso Freiheit in mir. Freiheit und Frieden, weil ich dich lasse, weil ich dich in deiner Entwicklung sehe, weil ich liebe und in dieser Liebe der Frieden in mir ist. Er ist in meiner Liebe da und um diesen Frieden im Außen sehen zu können, braucht es nur meine Bereitschaft, in meiner Liebe zu sein.

Wenn ich Gott da sein lasse in meiner Liebe, fühle ich ein weites Feld und in diesem weiten Feld ist es unsere Liebe, die uns verbindet. Wenn wir also in unserer Liebe füreinander auf den wahrhaftigen Frieden in unserer Liebe eingestellt sind, Frieden, Freude, Leichtigkeit, Wohlwollen, den anderen gelten lassen, achten, Achtung ist der kleinste Nenner von Frieden. „Ich achte dich, ich beschütze dich, ich bin für dich da, ich bin ein Teil des Ganzen, ich sehe dich." So wie Eltern ihr Kind sehen, aus der Liebe geboren. Können wir uns vorstellen, dass Gott so sieht, oder ist es unsere Resonanz zu Dingen des Alltäglichen, die wir durch unsere Entwicklung verändern, durch unsere Bereitschaft, unser Vergeben auf eine höhere Stufe zu bringen?

Wenn ich also durch solche Schritte im Frequenzbereich des Friedens durch mein Reflektieren, Beachten, Hinsehen, was hat es mit mir zu tun, was will ich wirklich, wo will ich hin, was will ich leben, wenn ich die Selbstverantwortung sehe und mir die Erlaubnis gebe, in Liebe zu sein, in meiner wahren Liebe mit mir, mit meinen Mitmenschen, mir Dinge in meiner Liebe bewusst mache und durch meine Vergebung mir selbst gegenüber und anderen gegenüber für all das, was war oder nicht war, durch alle Zeit vergebe, dann fühlt sich das wie ein heiliges Portal an – es ist der Bereich der göttlichen Wiederkehr, es ist der Bereich, wo lichte Kräfte in dir wirken, wo Gott in dir ist in seiner Liebe, dir die Hand reicht und wo dein lichter Kern in dir beginnt, eins mit seinem zu sein. Es ist ein Durchdringen in Liebe, ein Durchdringen und Erheben. Es ist ein Durchdringen in Liebe und in dieser heiligen Belebung für das Neue können wir nun die Dankbarkeit fühlen für den Frieden. Den Frieden im Leben fühlen, dass ich mit dir in Frieden sein will, dass wir durch unseren Frieden zum Frieden anderer beitragen, dass wir uns in unserer Liebe auf natürliche Art und Weise entwickeln und dass wir durch die Ausrichtung auf Frieden und diese Liebe in uns, dieses wunderbare und allseits tragende erhebende Gefühl, dass Frieden da ist, fühlen können. Dieses wunderbare, füllige Gefühl, Frieden im Leben fühlen zu können und die Freude dabei zu spüren. Diese wahrhaftige Freude zu fühlen und diese Freude, weil sie in dir ist, die Welt fühlen zu lassen in deiner Freiheit, die Gott dir gab, weil Menschen sich daran erfreuen, wie sie sich in ihrer Liebe füreinander, in all unserer Liebe, aufs Herrlichste entfalten.

78. Tag

Reine Liebe erleuchtet Herzen

Lebensbasis, wie wir miteinander umgehen.

Lebenswerk, was wir gestalten, eine Lebensbrücke, die wir in Liebe bilden.

Die Lebensbasis ist unser Umgang, das Lebenswerk, das, was wir in Liebe erschaffen. Die Brücke, die wir miteinander bilden, als heilige Erinnerung an das Ganze.

Letztlich ist die Frage, was du bist, mit was du dich verbindest.

In dieser Welt hast du einen Körper, hast Gedanken, hast Gefühle, deinen Bauplan, deine energetische Landkarte und aus deiner Verbindung mit dem Ganzen die Möglichkeit, die Welt in deiner Liebe zu gestalten.

Stell dir das wie ein Haus vor, deinen Körper, welche Gedankengäste hast du in dein Haus geladen? Welche Gefühle, was haben sie für Anhängsel? Welche spirituellen Gäste sind zugegen? Was ist dein Bauplan, wo willst du hin? Deine energetische Landkarte? Du ziehst in deiner Liebe an, du bist das ewige Licht, das ist deine wahre Natur.

Auf deinem Weg nach oben verabschiedest du Gäste, die ehemalige Identifikation mit Rollen, Gästen verschwindet. Sie löst sich, du erinnerst dich.

Eine spirituelle Reise beginnt, wenn wir auf das Ganze sehen. Jeden Grashalm, jeden Körper, die Illusion der Trennung durchschauen. Den Käfer, den Schmetterling als Leben, als Lebendigkeit, als lebendiges Geschöpf, als Leben in der Natur des Lebens achten. Als himmlisches Gefäß reinster Freude, die Widerhall in dir hat, in Liebe achten. Du schaust hin.

Die Achtung, den Respekt vor dem Leben zu haben, um zu sehen, wie dein Haus zu leuchten beginnt, ist ein bares Geschenk von einem wach gewordenen Menschen, wach im Sinne von wach sein füreinander, hinsehen, was Leben bedeutet, in Liebe erkennen, dankbar sein und sich über das Glücklichsein des anderen freuen.

Wir schenken Leben, und wenn es Geld ist, lass es da sein, um Schönes in der Welt zu vollbringen. Wenn es um Balance geht, so übe dich darin, dein Licht anzuerkennen, dein Licht zu sehen, mit ihm eins zu sein. Wenn es Reisen sind, die dir Freude bereiten, übe dich darin, dich an den schönsten Orten zu sehen, für all das dankbar zu sein, in all deiner Liebe zu staunen, fasziniert, zutiefst dankbar zu sein, für die Welt, die wir in all ihrer Schönheit erfassen.

Zutiefst glückselig.

Bei unserem Tun auf die Nachhaltigkeit in aller Liebe ausgerichtet sein und gesund aus einer wahren Liebe miteinander umgehen.

Wenn ich weiß, dass der andere ebenso Licht ist wie ich, wenn ich weiß, dass wir aus unserer Liebe zu unserer Vollkommenheit beitragen, wenn ich weiß, dass wir in Liebe gestalten, dass dies die Welt in all unserer Würde, Liebe erhebt, wenn ich weiß, dass wir Schöpfer unseres Lebens sind und dass es darum geht, Licht in unseren Häusern sein zu lassen, wenn ich weiß, dass ich ewiges Licht bin, so ist mir auch bewusst, dass ich Leben in die Welt bringe, weil ich liebe.

Wir erkennen uns in unserer wahren, reinen Liebe, der Mensch hat sich erkannt und auf dem Aufstiegsweg nach oben ist es die Glückseligkeit, die aus seiner Liebe für das Ganze wahrhaftiges Licht in die Welt hineinleuchtet.

79. Tag

Unser Schöpferbewusstsein leben

Große Harmonie, die wir bewirken.

Unsere Schwingung, unsere Harmonie füreinander trägt in unserer Ausrichtung zur großen Harmonie bei. In unserer Liebe füreinander ist es die Note, die wir spielen, die in den Klangfarben der Wirklichkeit den Raum in Schwingung versetzt.

Es ist unsere Harmonie, die zur Harmonie anderer beiträgt. Unser konstruktives Engagement, das Konstruktives bewirkt und uns als Menschen erkennen lässt, dass wir in einer gesunden Ausrichtung miteinander unsere Potenziale auf eine Art und Weise entfalten, die dich schauen lässt auf Wunderbares, das in deiner Natur angelegt ist, und Herrliches, das du in all deiner Liebe erkennen und ankommen lässt.

Ankommen in dem Bewusstsein, dass wir aus unserer Liebe füreinander Leben gestalten und die Herrlichkeit leben, die wir atmen.

Diese große Verantwortung, die wir im täglichen Miteinander einstudieren, lässt uns auf eine innere Welt blicken, die wir durch unsere liebevolle, harmonische Einstellung zum Leben in Liebe in die Welt bringen.

Durch Prozesse, die Leben beeinflussen, sind wir in der Verantwortung, bei Lebensprozessen in aller Liebe hinzusehen und so schließlich unser Bewusstseinserbe anzutreten, zum höchsten Wohle aller zu erschaffen.

Sieh die Welt in ihrer Verbindung zu anderen Welten, sieh deine Welt, in der du lebst, in Verbindung mit anderen Welten, die im Leben bestehen. Sieh die große Harmonie, die wir miteinander bewirken. Sieh die große und liebevolle Harmonie in dir, sieh die liebevolle Resonanz in allem und sieh, dass wir durch unsere Liebe die herrlichsten und wunderbarsten Töne miteinander erzeugen. So sind wir in unserer Liebe Schöpfer und Schöpferinnen unseres Lebens und des heiligen Lebens, das wir bewirken.

Nachwort

Wir können in unserer Liebe gestalten, daran soll das Buch auf bestmögliche Weise erinnern.

Zutiefst dankbar bin ich für die Liebe, die wir miteinander in die Welt bringen und so zum großen Reichtum aller beitragen.

Wir können diese Welt in eine Welt der Liebe wandeln, sie in unserer Liebe erheben, zu dem machen, was in unseren Herzen längst schon eingeschrieben war, und dies hervorbringen.

Wir wandeln in der Zeit, in der göttlichen Erinnerung, wir sehen das Ganze und können aufschauen zum Licht des einen, das uns in unserer Liebe füreinander verbindet.

Wir sehen unser Licht leuchten, jeden Tag, sehen unser Lachen, unser Strahlen, unser Herz, wenn es aufblüht in Freude, im Lachen anderer wie in deinem Lachen, wir sehen die goldene Zeit in unserer Liebe, die einstrahlt in unsere Herzen, uns erinnert, wach sein lässt für das große Geschenk des Lebens, das wir miteinander haben.

Wir erinnern uns durch die liebevolle Resonanz, dass wir zu Höherem geboren sind und aus unserer Liebe füreinander, in unserer Liebe zueinander gestalten.

Wir erinnern uns, dass wir an der Schöpfung teilhaben und dass in unserer Liebe unser wahrer Segen ist.

Diese Quellen der Liebe, die durch unsere Schaffenskraft entstehen, sind Brunnen lichterfüllter Gaben, aus denen wir schöpfen und so Herrlichstes in unserer Liebe füreinander entstehen lassen, Herrlichstes, auf das wir blicken, Herrlichstes, das wir zur Freude aller sehen und wodurch wir ein wunderbares, lichtvolles und liebevolles Miteinander gestalten.

Es liegt an uns, wie wir unser Leben in unserer Liebe füreinander gestalten. In der Kraft unserer Herzresonanz ist uns ein freies Leben jenseits aller bisherigen Grenzen möglich und in der Liebe, die wir miteinander in die Welt bringen, säen wir mit jedem Tag die Samen des goldenen Zeitalters, damit in unserer Liebe füreinander das Licht erwächst.

Es sind unsere Gaben, die wir einbringen, unsere Worte und Gebete, mit denen wir erheben und Herzresonanzen erzeugen, die es uns erlauben, die Wunder des Alltäglichen zu begrüßen und in all unserer Liebe staunen zu können.

So danke ich allen, die mir bei diesem Buch, diesem Aufstiegsweg über 79 Tage geholfen haben, bei jedem Einzelnen für sein Engagement, für seine Liebe, die er in all seiner Liebe einbrachte. Für die Begleitung auf dem Weg, für die Hilfestellung an manchen Tagen, für die Bereitschaft, da zu sein, hinzuhören, mitzufühlen, für die Bereitschaft zu geben, Anteilnahme, Mitgefühl, für die Wärme, die ich erfahren habe, für die Freude und das große Vertrauen, das ich bekommen habe, als ich durch die Frequenzen der erhabenen und erleuchteten Wesen in meiner Liebe für das Ganze reiste.

Zutiefst berührt und gerührt von den Eindrücken und Erlebnissen, die das Herz in unserer Liebe füreinander zu öffnen vermag, von einer herzerfüllten, wunderbaren Reise, die Einblicke in das wahre Leben bot und durch die ein Aufstiegsweg in unserer Liebe füreinander entstanden ist, den Menschen nutzen können, um mit jedem Tag in ihrer Liebe für das Ganze höher zu schwingen, bedanke ich mich nochmals zutiefst und aus ganzem Herzen, mit all meiner Liebe und tiefster Würdigung für die Lebenseindrücke, die durch unser waches Bewusstsein reiften.

Unsere Herzen füreinander zu öffnen, so wie sich die Blume gegenüber der Sonne öffnet, und die wärmenden Strahlen zu empfangen, die uns erheben und ins heilige Lied des Kosmos weben, bedeutet, dass wir erwachen und wach sind in unserer wahrhaftigen Liebe füreinander und den Himmel auf die Erde bringen.

Es gilt, in unserer Liebe füreinander wach zu sein, um den Jungbrunnen unserer Erleuchtung täglich aufs Neue sprudeln zu sehen. So ist unser Diamant der Schöpfung Abbild.

Es sind unsere Gaben, die wir geben, die uns erheben, unsere lichte Quelle.

Das Buch hat dir geholfen, einen höherdimensionalen Eindruck zu gewinnen.

Während ich ein Jahr lang Nenner der Liebe atmete, die Resonanzen in der Welt erzeugen, kam dieses Buch, auf das ich bereits am 9. April aufmerksam gemacht wurde. „Du schreibst dieses Jahr noch dein Buch", sagte dieser Mann zu mir. Am 20. August war es dann so weit. Und ja, ich habe es geschrieben. Nach drei Monaten war es fertig. Zumindest der Aufstiegsweg. Und ich fragte mich, was habe ich hier vor mir? Zunächst arbeitete ich durch, jeden Tag ein Beitrag, bis ich mir sonntags eine Pause gönnte, damit mein Körper mitkam. Meine Seele frohlockte und mein Geist war hellwach. An manchen Tagen hatte ich Hilfe. Und ich fragte mich, was entsteht hier?

Es sind Sequenzen, die es Menschen ermöglichen, höher zu schwingen. Ein Einstimmen in höhere Schwingungsbereiche, um die Welt in Liebe zu erheben. Die Welt, in der wir leben, zu atmen. Es hat mir sehr gutgetan, dieses Buch zu schreiben. Ich bin heute sehr viel wacher, klarer und bewusster als vorher. Und was es dir als LeserIn bringt: Du kommst an in einer höheren Bewusstheit.

Die Beiträge korrelieren zum einen mit Tagesgedanken von Omraam Mikhaël Aïvanhov, die ich während dieser Zeit las. Die Nenner für den Tag, die ich atmete, die nach einem Jahr die Nenner der Sozialstrukturen erkennen ließen, kamen zum Weiteren hinzu. Stell dir vor, du hast ein Jahr lang Liebe gesät und bist dir gewiss, dass diese Samen aufgehen. Und durch die Verbindung, die wir alle haben, war ich glücklich, weil der letzte Nenner, den ich aus der tiefen Meditation atmete, nochmals auf das goldene Zeitalter verwies. „So ist allseits Liebe auf die wunderbarste Art und Weise hier." Das ist ein Nenner, um dir ein Beispiel zu geben. Weil ich also Geleit von Tagesgedanken hatte und diese Nenner nach der morgendlichen Meditation atmete, entstanden die Beiträge für dieses Buch. Im darauffolgenden Jahr habe ich die Schwingung erhoben und das Buch erhebt uns nochmals in die Liebe unserer großartigen Schöpferkraft.

Was es mit diesem Atem auf sich hat: Ich hatte mal ein Bild von einem weißen Mann mit einer Lichtkugel auf der Hand bei einem Seminar und ich sagte: „Vater, warum?" Und in dieser Lichtkugel befand sich eine Schöpfung, er hauchte dieser Schöpfung den Atem seines Lebens ein und er sagte: „Um es mir gleichzutun."

Und ja, ich kann es in meiner Liebe. Bei diesem Seminar, als wir der Reihe nach erzählten, was wir erfahren haben, sagte ich: „Gott hat mich verlassen." Und die Seminarleiterin erwiderte: „Nein, du hast ihn verlassen." Und ich gab es zu. „Ja, das stimmt." Ich war nicht einverstanden. Ich hätte mir sehr gerne eine sehr viel schönere Welt gewünscht. In der wir alle glücklich und in Frieden leben.

Und eine Frau in der Schweiz sagte, ich wäre mit dem Atem des Lebens verbunden, was mir nochmals bewusster war. Übrigens habe ich Gott vergeben, schon lange!

Paramahansa sagt dazu, es sei gleichgültig, ein Beispiel aus dem Leben verdeutlicht dies: eine außerkörperliche Erfahrung, die ich hatte. Ich war ganz getrennt vom Körper, die Seele stand daneben und aus dem Geist schaute ich mir die Situation an. Der Körper als Gefährt, als Fahrzeug.

Gott sagt: „Wir erwachen aus dem Traum in die Liebe seiner Wirklichkeit hinein."

Paramahansa Jogananda hat dazu vor über 70 Jahren ein wunderbares Buch geschrieben, das ich gelesen habe. Manchmal frage ich mich, wer lehrt dieses Wissen? Der Titel: Im Zauber des Göttlichen.

Sind wir uns unserer unsterblichen Seele bewusst? Unseres Geistes, unseres reinen Bewusstseins, das in harmonischem Einklang mit der göttlichen Schöpfung ist?

Sehen wir das Ganze?

In Indien zeigte mir Gott Bilder auf meine Bitte hin.

Stell dir vor, du bist Liebe und handelst aus dieser Liebe. Das ist Gott. Er zeigte mir Ebenen, die wir zu durchlaufen hätten. Interessant war der Aufstieg, der durch ihn geschah. Wir durchlaufen also Ebenen durch ihn. Und als wir dies vollbrachten, als wir oben waren und Einlass fanden, juchzten und quietschten die Seelen voller Freude.

Das Bild, das ich damals hatte und auch heute noch: Seelen, die ankommen, reine weiße Seelen, die im Licht ihrer Liebe in Liebe ankommen.

So danke ich für diesen Aufstiegsweg, der es Menschen ermöglicht, zum Gipfel ihrer Bewusstheit aufzusteigen, um die Nebel der Unwissenheit hinter sich zu lassen und klare Sicht auf die Welt zu haben, die wir in unserer Liebe füreinander gestalten.

Es ist unsere Liebe, mit der wir erheben, und in der Vorausschau, die ich anführe: Wir erheben uns in Liebe.

Licht, Liebe und allseits Segen!
Herzlichst und hochachtungsvoll
Manfred Josef Schuster
Mögen allseits Frieden und allseits Freude zum höchsten Wohl von uns allen in all unserer Liebe füreinander sein.

Möge Gottes Liebe dich führen und dich in ein allseits gesegnetes, liebevolles, lichtvolles und wunderbares Miteinander begleiten.

Der Autor

Manfred Josef Schuster: geboren am 09.01.1973. Aufgewachsen in Bayern, in der ländlichen Region im Kreis Günzburg zwischen Ulm und Augsburg, verbrachte er hier seine Kindheit und Jugend, bevor er 1988 eine Ausbildung zum Koch in Bad Wörishofen absolvierte. Nach der Bundeswehr und Aktiengewinnen an der Börse kamen ein Hauskauf und die Gründung einer Familie hinzu.

„Wie gehen wir miteinander um und wo ist die Liebe?", waren Fragen, die ihn damals schon beschäftigten. Als er plötzlich erwachte, war es mit das Schwerste, den spirituellen Weg zu gehen. Dieser begann 2006 mit der Ausbildung als Rückführungstherapeut in Indien, dem Lichtnahrungsprozess und der darauf folgenden Heilerausbildung. Die Leitung eines Jahresseminars zu den einzelnen Energierädern im Körper in St. Johann im Pongau folgte. Das Lesen von Kraftplätzen als Bildungsinitiative 2009 in Penzlin schloss sich an. 2010 folgten die Lesungen zur weltweiten Entwicklung.

Die Schwingungserhöhung der folgenden Jahre brachte eine profunde und stabile Entwicklung hervor. Synergieprojekte, der Aufbau von Menschen und der Homepage Schöpferpotentialkurs und lichterfüllte

Glückseligkeit, sowie das Aufstiegsbuch und weitere herzzentrierte Engagements zeigen den Weg des Herzens auf, der vom Herz eines jeden in den Ozean, und damit in das Meer unserer Verbundenheit und Herzresonanz füreinander mündet und einer herzzentrierten Gesellschaft den Boden bereitet.

Über die Jahre hat Manfred Josef Schuster sein innewohnendes Potential entfaltet und ist heute an dem Platz, Menschen beim Aufstieg zu helfen – und liebt es aus ganzem Herzen, Herzen in der Herzresonanz singen zu sehen.

Buchtipp

Karin Mitschke
Irgendwie EINSAM – Ein komisch-ernstes Buch

ISBN: 978-3-96074-032-2 – Taschenbuch, 166 Seiten

Einsamkeit ist ein Wort. Vielleicht ein Gefühl. Auf jeden Fall kann es sich sehr mächtig in unserem Leben einnisten. Wenn wir dann vollends daran glauben, einsam zu sein, erleben wir unsere Tage als beschwerlich. Das geht so lange, bis wir anfangen zu bemerken, was wir da tun. Wir benennen Momente als einsam und so erleben wir sie dann auch. Der empfundene Schmerz wird uns mit der Zeit immer bekannter und gräbt sich tief in unsere Zellen. Sind wir womöglich wirklich einsam?

Karin Mitschke schreibt ernsthaft wie komisch über viele persönliche Lebenssituationen, in denen sie sich in Einsamkeit gefangen fühlt. Schlussendlich ergründet sie, in ersten feinen Schritten, einen Weg heraus aus dem empfundenen Gefängnis.